U0498259

全国教育科学“十四五”规划2021年度教育部重点课题成果：
职普融通背景下中小学生职业体验的跨界融合机制研究
（课题批准号：DJA210323）

# 职普融通 四园同构：

## 职业体验育人模式研究与实践

高 瑜◎著

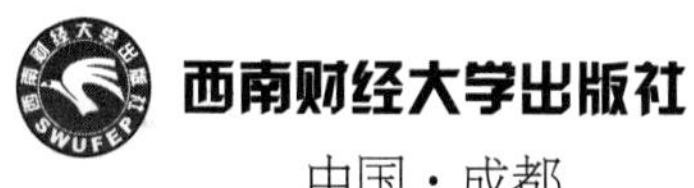


中国·成都

**图书在版编目(CIP)数据**

职普融通　四园同构:职业体验育人模式研究与实践/高瑜著.--成都:西南财经大学出版社,2024.8.--ISBN 978-7-5504-6260-1

Ⅰ.G719.2

中国国家版本馆 CIP 数据核字第 2024HN4413 号

**职普融通　四园同构:职业体验育人模式研究与实践**

高瑜　著

责任编辑:林伶
责任校对:李琼
封面设计:墨创文化
责任印制:朱曼丽

| | |
|---|---|
| 出版发行 | 西南财经大学出版社(四川省成都市光华村街 55 号) |
| 网　　址 | http://cbs.swufe.edu.cn |
| 电子邮件 | bookcj@swufe.edu.cn |
| 邮政编码 | 610074 |
| 电　　话 | 028-87353785 |
| 照　　排 | 四川胜翔数码印务设计有限公司 |
| 印　　刷 | 成都市火炬印务有限公司 |
| 成品尺寸 | 170 mm×240 mm |
| 印　　张 | 13.75 |
| 字　　数 | 251 千字 |
| 版　　次 | 2024 年 8 月第 1 版 |
| 印　　次 | 2024 年 8 月第 1 次印刷 |
| 书　　号 | ISBN 978-7-5504-6260-1 |
| 定　　价 | 78.00 元 |

# 序

党的二十大报告提出把"职普融通"作为国家重大教育改革项目，中共中央办公厅、国务院办公厅印发的《关于深化现代职业教育体系建设改革的意见》提出"以推动职普融通为关键"，将其作为深化现代职业教育体系建设改革的总体要求之一。如何处理职业教育与普通教育的关系，以及平衡好个体综合素质发展与就业能力培养之间的关系，是现代教育体系建设必须直面的重大课题。职普融通是职业教育与普通教育的双向融通，看到职业教育对普通教育需求的同时，也要看到普通教育对职业教育的需求。作为一种具有实践性和具身性的教育模式，职业体验教育以其独特的魅力，成为实现职普教育双向融通的有效载体。职业体验教育不仅是落实《中华人民共和国职业教育法》《中共中央 国务院关于全面加强新时代大中小学劳动教育的意见》《中小学综合实践活动课程指导纲要》等法律文件的有力举措，也是提升基础教育质量和职业教育吸引力的重要途径。

本书紧紧围绕建设技能型社会战略提出全生命周期的育人理念，深刻探讨了职业体验教育的核心理念及其价值所在，职普融合满足了个体生涯发展的需求，职业教育和普通教育有必要从不同阶段和维度进行渗透、沟通和衔接。本书将理论与实践相结合，以职业体验实践模式的构建作为贯穿的主线，将职业体验、生涯指导和专业探索三个看似独立的领域融为一个有机整体，通过引导学生积极参与职业体验，走进职场，感知职业世界，从而更好地了解自身兴趣、特长和职业倾向，培养他们的实践能力、创新能力和综合素质。作者不仅关注学生职业技能的培养，更关注他们在生涯发展中所应具备的捕捉信息、做出决策的能力。生涯指导和专业探索的融入使得学生在职业道路上更具前瞻性和目标性，有助于他们更好地应对未来的挑战。

书中独具匠心地设计了四级统筹与四园运行机制，构建了一个立体、动态的职业体验教育生态系统。通过市级、片区、区级、校级的紧密合作，以及家园、校园、产业园、公园的多元互动，实现了教育场景广泛覆盖和教育资源深度整合。这种职普融通的创新实践，无疑为破解当前职业体验教育难题提供了新的视角和解决方案。尤为值得一提的是，本书围绕“四园同构”的职业体验基地，构建了场所、课程、师资、平台四位一体的资源体系，推动了职业教育与普通教育在空间、内容和人力资源上的多元融合。这一模式的探索，对于各地深化职业体验教育具有重要的参考价值，也为职业院校提供了宝贵的实践经验。

总的来说，本书是一份对职业体验教育实践的献礼，不仅为教育工作者提供了理论指导，也为政策制定者提供了决策依据。期待这本书能够激发更多关于教育未来的思考，推动我国教育事业在新时代背景下不断创新和发展，为培养符合社会需要的高素质技术技能人才贡献智慧和力量。

徐国庆

2024 年 6 月

# 前　言

在中国式现代化征程中，职业教育是推进中国式现代化，建设教育强国、人力资源强国和技能型社会的基础工程。2021 年 4 月，全国职业教育大会提出建设“技能型社会”目标，布局加快建设国家重视技能、社会崇尚技能、人人学习技能、人人拥有技能的技能型社会。2022 年 4 月，新修订的《中华人民共和国职业教育法》强调“建设技能型社会”，中共中央办公厅、国务院办公厅印发《关于深化现代职业教育体系建设改革的意见》，明确提出“服务技能型社会建设”。技能型社会建设以“国家重视技能”为战略导向着力增强职业教育的吸引力，以“社会崇尚技能”为价值导向凸显职业教育的全民性，以“人人学习技能”为实践路径完善职教体系和教育形态，以“人人拥有技能”为努力方向实现技能型社会建设。

立足“技能型社会”建设，全面优化人才成长环境，全面落实建设“技能型社会”目标，学校教育是重要环节。将“服务技能型社会建设”目标贯穿到各阶段学校教育、不同的教育内容中，体现学校教育服务国家战略的属性特点。将“服务技能型社会建设”渗透到全生命周期的教育过程，从娃娃抓起，职业体验教育是重要途径。职业体验教育是面向学生组织与职业相关的实践体验活动，引导学生发掘职业兴趣、提高职业认知、找准职业倾向、树立职业规划的教育行为。开展职业体验教育，其主要目的是推动职业教育资源面向基础教育开放，促进职普融通，深入实施素质教育，服务技能型社会建设。通过职业院校与中小学校的联动，将技术技能教育与职业体验教育、劳动教育等有机结合、深度融合，在职业陶冶中弘扬劳模精神、劳动精神、工匠精神，让“劳动光荣、技能宝贵、创造伟大”在校园生根、发育、成长。

本书以职业体验教育为研究对象，以职业体验教育实践模式构建与实施为主线，深入分析职业体验教育对服务技能型社会建设、促进职普融通等国家战略的价值与意义，提出以全生命周期育人理念为指导，构建职业体验—生涯指导—专业探索一体化生涯发展体系，以市域统筹、职普融通为主导，建立市级+区级+校级+家庭四级统筹机制、家园+校园+产业园+公园四园运行机制、目标+内容+方式+效果四维监控机制；以四园同构、协同育人为路径，整合职业体验基地、职业体验课程、职业体验师资，健全场所+课程+师资+平台四维一体的职业体验教育资源体系，形成了职普“场所融合+内容融合+人力融合+平台融合”的职业体验教育实践模式。

纵观全书，综合而言，本书有三大突破：

一是认识转变。率先提出“终身化技能成长”育人理念和技能生成素养认识框架，以终身发展理论为认识基础，服务技能型社会建设，确立“终身化技能成长”育人理念，通过357个职普融通实验班、全学段课程体系等教育内容，统筹设计不同阶段的学习方式，为学生建构终身化技能成长的教育体系和制度框架，重塑以终身学习为导向、以能力为本位的技能人才培养机制，突破了职业体验服务“人—教育—社会”的价值嬗变，深化了职业体验教育的理论研究。

二是模式创新。率先构建“基地+课程+师资+平台”四位一体实践模式，以系统思维集聚全市职业体验物理资源和信息资源：将体验场景从校园延伸至家园、产业园、公园，形成全场域职业体验基地；选择职业大类的代表性职业活动串联课程内容，推动体验课程从经验式向职业化转变，创新了职业体验课程建设的逻辑起点；整合政研企、家校社人力资源，建成多主体参与、梯队式发展、专业化指导的师资队伍，拓展了师资力量；搭建教师教学和学生体验数据平台，实现数字化优质资源城乡全覆盖。该模式大力服务了国家“双减”政策和技能型社会建设。

三是机制优化。率先创建纵向统筹、横向协同、外围监控的立体联动育人机制，为深化职普融通提供了新机制。按照设计—实施—评价思路，设计层面突出市域统筹，建立“市级—片区—区级—校级”统筹机制，层层落实推进；实施层面体现政研校互联互通，行政部门和科研机构提供政策引导、专业指导、质量督导，职普学校共同推进，形成四方协同育人合力；评价层面着力制度建设，建立基于标准进行反馈整改的监控机制。三类机制有力保障了职业体验教育的质量和可持续发展。

本书共分为三部分。第一部分为理论研究篇，综述职业体验教育的已有研究，阐释本书的理论依据和编写脉络。第二部分为多维实践篇，以成都市职业体验实践为例介绍了区域层面推进职业体验基地、职业体验课程、职业体验师资等方面的建设策略和路径。第三部分为分段实施篇，以成都市职业体验分段实施为例总结了小学、初中、高中在开展职业体验教育方面的创新举措与成效。第一部分主要由高瑜、肖慧、李沿知、黄廷美等撰写，第二部分主要由冯忠友、吴柯江等撰写，第三部分主要由樊艳丽、王海燕、梁沙等撰写。全书由高瑜、刘婷婷、曾宝国负责统稿和校稿。

本书的研究与实践得到了成都市教育局、成都汽车职业技术学校、成都市洞子口职业高级中学校、成都工业职业技术学院等单位的大力支持，特此向支持和关心的单位和个人表示衷心的感谢。西南财经大学出版社的编辑为本书出版付出了辛勤劳动，书中部分内容参考了有关单位或个人的研究成果，在此一并致谢。

高　瑜

2024 年 3 月

# 目　录

## 第一篇　理论研究

# 第二篇　多维实践

# 第三篇　分段实施

# 第一篇

# 理论研究

# 第一章 职业体验教育的理性认识

尊重技能人才是我国社会主义建设的要求。现代化建设不仅需要大量从事科学研究、工程规划的人才，也需要大量从事一线操作和管理的技术技能人才。学校的职业教育体系是技能型社会的支柱。《中华人民共和国国民经济和社会发展第十四个五年规划和2035年远景目标纲要》提出“深化职普融通，实现职业技术教育与普通教育双向互认、纵向流动”。实施面向普通教育学生的技能教育，搭建职业院校与中小学校的合作平台，有助于推进职业教育内容与普通教育内容的融通，加强普通教育学生对技能教育的了解。职业体验是将教育与生产劳动、社会实践相结合的重要内容，在中小学开展职业体验是将职业教育技术技能与基础教育有效衔接的重要路径。党和国家高度重视中小学职业体验教育，近年来出台的有关义务教育、普通高中教育、职业教育、劳动教育等重要文件都涉及“职业体验”（见表1-1）。融通普通教育与职业教育开展职业体验，既是中小学“所需”，也是职业院校“能为”，还能将职业教育技术技能与基础教育的有效衔接落到实处。

**表1-1 近年来涉及“职业体验”的国家政策**

| 年度 | 文件名 | 内容 |
| --- | --- | --- |
| 2019 | 《中共中央 国务院关于深化教育教学改革全面提高义务教育质量的意见》 | 充分发挥劳动综合育人功能……加强学生生活实践、劳动技术和职业体验教育 |
| 2019 | 《国务院办公厅关于新时代推进普通高中育人方式改革的指导意见》 | 普通高中学校要明确指导机构……通过学科教学渗透、开设指导课程、举办专题讲座、开展职业体验等对学生进行指导 |

表1-1(续)

| 年度 | 文件名 | 内容 |
| --- | --- | --- |
| 2019 | 《国务院关于印发国家职业教育改革实施方案的通知》 | 鼓励中等职业院校联合中小学开展劳动和职业启蒙教育 |
| 2020 | 《中共中央 国务院关于全面加强新时代大中小学劳动教育的意见》 | 普通高中要注重围绕丰富职业体验，开展服务性劳动、参加生产劳动 |
| 2021 | 教育部等六部门关于印发《义务教育质量评价指南》的通知 | 在农业生产、工业体验、商业和服务业实践中，主动体验职业角色 |
| 2021 | 中共中央办公厅　国务院办公厅印发《关于推动现代职业教育高质量发展的意见》 | 加强各学段普通教育与职业教育渗透融通，在普通中小学实施职业启蒙教育，培养掌握技能的兴趣爱好和职业生涯规划的意识及能力 |
| 2020 | 教育部等九部门关于印发《职业教育提质培优行动计划（2020－2023年）》的通知 | 常态化开展职业院校校园开放、企业开放日、面向中小学生的职业体验、面向社会的便民服务…… |
| 2022 | 中华人民共和国第十三届全国人民代表大会常务委员会第三十四次会议修订通过《中华人民共和国职业教育法》 | 县级以上人民政府教育行政部门应当鼓励和支持普通中小学、普通高等学校，根据实际需要增加职业教育相关教学内容，进行职业启蒙、职业认知、职业体验，开展职业规划指导、劳动教育…… |
| 2022 | 共青团中央 教育部 全国少工委关于印发《全面构建新时代少先队社会化工作体系实施方案（2022—2025 年）》的通知 | 推动少先队员社区活动圈建设。以少先队员集中居住地为圆心，统筹发挥社区党群活动中心、新时代文明实践中心（站、所）、爱国主义教育基地、青少年教育基地、科普基地等各类阵地作用，整合社区周边各类公共服务设施，建立协同开放机制，为少先队员就近就便开展活动提供服务保障，构建少先队员 15 分钟社区活动圈。鼓励有条件的社区开辟开展种植养殖、职业体验等活动的少年儿童劳动实践体验场地 |

表1-1(续)

| 年度 | 文件名 | 内容 |
| --- | --- | --- |
| 2023 | 教育部等十三部门联合印发《关于健全学校家庭社会协同育人机制的意见》 | 引导子女体验社会。家长要充分认识社会实践大课堂对子女教育的重要作用，根据子女年龄情况，主动利用节假日、休息日等闲暇时间带领或支持子女开展户外活动和参观游览，积极参加多种形式的文明实践、社会劳动、志愿服务、职业体验以及文化艺术、科普体育、手工技能等实践活动，帮助子女更好亲近自然、开阔眼界、增长见识、提高素质 |

## 第一节　问题的提出

职业体验是在模拟真实的职业情境中，让学生体验职业岗位，以增强劳动观念、优化职业生涯规划、提高综合素质的一种教育性实践活动。据报道，当下部分年轻人及青少年存在着五种现象："好逸恶劳、嫌贫爱富，不尊重劳动和普通劳动者；小皇帝、小公主层出不穷，'老儿童''巨婴'越来越常见；不劳而获、坐享其成在青少年中存在苗头；不思进取，年轻人'啃老'现象日益凸显；年轻人宁送外卖不进工厂，职业教育没有吸引力。"① 调研显示，青少年自理能力弱、不尊重劳动、不就业或慢就业和职校招生难，究其原因除家庭教育失当与缺场、不良社会环境影响外，也与学校教育的闭塞和课程的单调枯燥不无关系。不难发现，中小学生校内学习与校外学习的割裂、科学世界与生活世界的阻隔，以及基础教育与职业教育的分离是主要原因。如何整合学生的校内学习与校外学习，如何关联学生的科学世界与生活世界，如何融通基础教育与职业教育，职业体验无疑是一种现实选择和必要路径。

无论是职业院校面向中小学生开放职业体验日活动，还是职业院校为中小学生开设职业体验课程，可以明确的是，在职普融通背景下，职业院校是中小学职业体验的主阵地。就其实训基地，在职业院校开展职业体验具有三重特性：第一，职业院校实训基地的专业性。职业院校的实训基地

① 高瑜，王振. 中小学职业体验可持续发展的路径选择［J］. 职业教育研究，2019，(12)：11.

以专业设置、按规范建设、配专业设施设备、有专职教师。中小学职业体验是一种有目的、有组织的实践活动，职业院校能提供专业场地、专业师资和专业指导。这是在职业院校开展中小学职业体验的专业优势，是实训基地“体验+专业”的特质。第二，职业院校实训基地的教育性。现场岗位体验是职业体验的重要途径，是促进职普融通、落实职业体验教育的必要支撑。在职业体验馆开展职业模拟活动和基地实践活动，对学生按职业、行业或工种开展职业体验，能够让中小学生在真实情境中学习和动手实践，亲身体验工作的精细化要求，感悟劳动者的敬业精神和职业教育蕴含的工匠精神，在劳动体验中培养学生实践创新的意识和能力，这是实训基地“体验+育人”的特质。第三，职业院校实训基地的文化性。让中小学生在职业院校现场感受实训基地外显或蕴含的企业文化、职业文化、工匠文化，通过职业陶冶引导中小学生了解职业教育，形成对职业文化的直观认识，这是实训基地“体验+化人”的特质。比如，成都农业科技职业学院的“农耕博物馆”打造了川西平原农耕文化馆和成都平原农耕文化主题园，开发了农耕馆的体验功能和科普功能，在农耕馆及校史馆楼上建设了耕读文化园，促进了川西农耕文化的传播，培育了师生的兴农志向、爱农情怀。

作为一种事实性存在和价值性存在的中小学职业体验，其推进主体涉及中小学校、职业院校、教育行政部门三类利益相关者，在实际推进过程中存在不少困难。在中小学校方面，内部影响因素主要是学生在升学压力大、课业负担重、课外辅导多等现实情况下，参与职业体验的时间、参与程度、参与面都受限制。家长不愿意孩子去职业院校体验，若是办学质量不高、社会影响较小的职业院校，家长不支持的态度更加明确。从外部影响因素看，学生校外职业体验的安全隐患是中小学校担心的首要问题，不明晰的成本分担机制也是制约职业体验可持续发展的重要因素。在职业院校方面，中小学生的职业体验会增加专业教师额外的工作量。来自不同年级的中小学生，其职业体验的内容与形式不同，职业院校的体验课程难以适合不同阶段的学生。这些都会制约职业体验的可持续发展。另外，职业体验也存在专业受限的问题，并不是所有专业都能开展职业体验，如一些二产类专业。在实训基地共建共享的理念下，如何发挥实训基地的共享作用，产生经济效益？在教育行政部门方面，存在着国家政策落实难、推进难的现实困难。职业院校与中小学的区域统筹、跨区域协调机制也是制约职业体验可持续发展的外部因素。

如何让中小学职业体验具有系统性和持续性？如何探索中小学职业体验的可行性及其内在规律？如何回应不同利益相关者的诉求，又要在事实性存在与价值性存在之间寻找到“需要”的平衡点？这些都成为亟待解决的难题。为此，需要建立可持续发展的长效机制，统筹协调多方资源，调动不同主体的积极性，加强职普共融互通。

基于以上，新时代职业体验教育逐渐成为我国教育领域研究的热点问题。本书结合市域职业体验教育前期研究需要，了解成都市中小学校开展职业体验的相关情况，针对职业体验和职普融通开展了调研活动。

（一）调查对象

调查对象为全成都市范围内的职业院校和中小学校（小学四年级至高三）两类学校的学生和教师。

（二）变量及工具

（1）自编调查问卷，对成都市职业院校和中小学校的教师和学生进行问卷调查。中小学校问卷按照对职业体验的“所需”设计问卷；职业院校问卷按照对职业体验的“能为”设计问卷；通过问卷星进行网上问卷调查，收集、分析、统计数据。

（2）访谈调查，对学校教师、管理干部的调研，了解学校职业体验开展情况；对学生进行抽样座谈，了解学生对职业体验的认识、态度等。

（3）从维度、指标、变量三个方面进行调查问卷设计，问卷分为教师版、学生版，主要从认识和实践 2 项一级指标，教师版共 20 项二级指标，学生版共 25 项二级指标分别编制问卷。

（三）调查过程

本调查利用问卷星，对成都市在校中小学（小学四年级至高三）学生和中职学生、教师采取分层随机抽样的方式进行网络统计。问卷分为教师版、学生版。本次问卷调查，共回收问卷 95 375 份，其中教师问卷 8 891 份（普通中小学教育 8 079 份、职业教育 812 份），学生问卷 86 484 份（小学 63 893 份、初中 17 998 份、高中 1 467 份、中职院校 3 126 份），问卷全部有效，有效的被试人员信息具体分布如表 1-2 所示。

表 1-2　正式问卷调查被试人员的基本信息（$N$ =95 375）

| | 变量 | 属性 | $N$ | 占比/% | | 变量 | 属性 | $N$ | 占比/% |
|---|---|---|---|---|---|---|---|---|---|
| 学生样本 | 性别 | 男 | 42 416 | 50.88 | 教师样本 | 性别 | 管理者 | 1 204 | 13.54 |
| | | 女 | 40 942 | 49.12 | | | 一线教师 | 7 687 | 86.45 |
| | 学校类别 | 小学 | 63 893 | 73.88 | | 学校类型 | 中职 | 812 | 9.13 |
| | | 初中 | 17 998 | 20.81 | | | 小学 | 5 436 | 61.14 |
| | | 高中 | 1 467 | 1.70 | | | 初中 | 2 319 | 26.08 |
| | | 中职 | 3 126 | 3.61 | | | 高中 | 324 | 3.64 |

（四）调查结果与分析

1. 市域职业体验开展基础良好

围绕职业体验教育资源、职业体验课程、职业体验师资等方面，对市域内中小学和职业院校进行了深入的访谈，经整理得出如下调查结果：

（1）开展有思考。部分学校进行整体思考，如石室天府中学有学校的整体实施方案。

（2）学段全贯通。从小学到职业院校都有。

（3）行业涉及广。涉及中医、交通管理、侍酒等行业。

（4）资源有整合。部分学校结合周边具体资源开展行业的职业体验，如成都市盐道街小学 528 校区和交警三分局合作开发的“小交警”职业体验课程——“三盐两语”说交通，取得不错的效果。

2. 普通中小学校意愿强烈，支持开展职业体验教育

调查中，对于开展职业体验活动，中小学校教师反馈有超过七成认为有必要开展职业体验教育。学校层面和教师层面意愿强烈，持支持态度的教师超过八成，学校管理层超过九成（见图 1-1）。

7.您支持中小学生定期到职业学校开展职业体验教育吗？（　）【单选】[单选题]

| X\Y | A.支持 | B.无所谓 | C.不支持 | 小计 |
|---|---|---|---|---|
| A.一线教师 | 6104(88.09%) | 631(9.11%) | 194(2.80%) | 6929 |
| B.教学管理者 | 489(89.07%) | 34(6.19%) | 26(4.74%) | 549 |
| C. 行政管理者 | 546(90.85%) | 34(5.66%) | 21(3.49%) | 601 |

图 1-1　是否支持开展职业体验教育

3. 中小学生兴趣浓厚，愿意参与

中小学生兴趣浓厚，超过七成（见图 1-2）表示感兴趣，并有超过七成（见图 1-3）的学生表示非常愿意学校帮助自己进一步认识、体验更多的行业和职业。

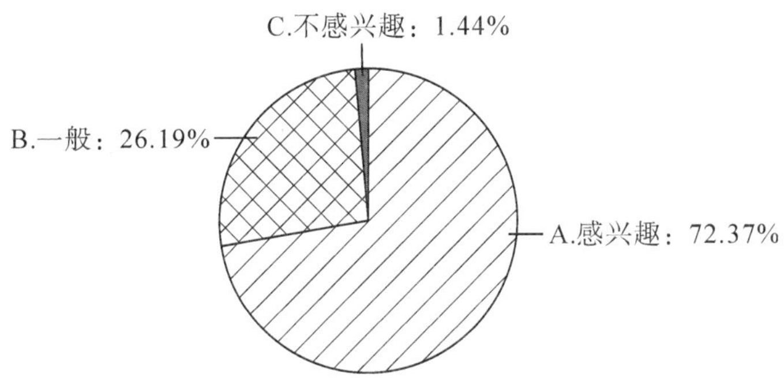


**图 1-2　对职业体验教育是否感兴趣**

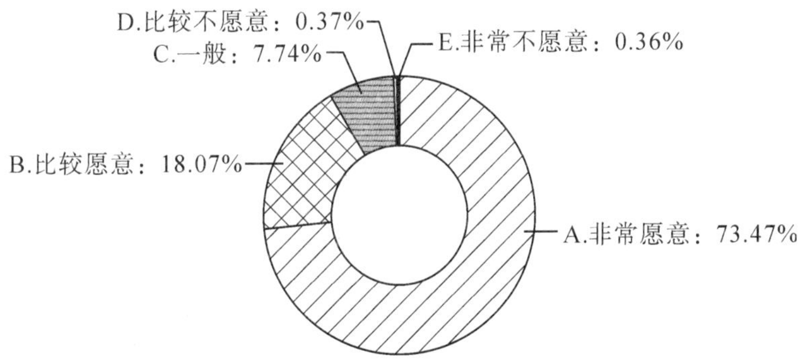


**图 1-3　是否愿意学校开展职业体验教育**

4. 职业体验教育资源丰富

职业院校开展职业体验教育难易程度和职业院校的优势分析，在能开展职业体验的基础上，汇总难度系数一般、比较容易、非常容易三个系数之和（见图 1-4），发现职业院校的优势主要集中在教师团队（近七成）、课程资源（近七成）、职业体验场地（近七成）、专业设施设备（近七成）上。

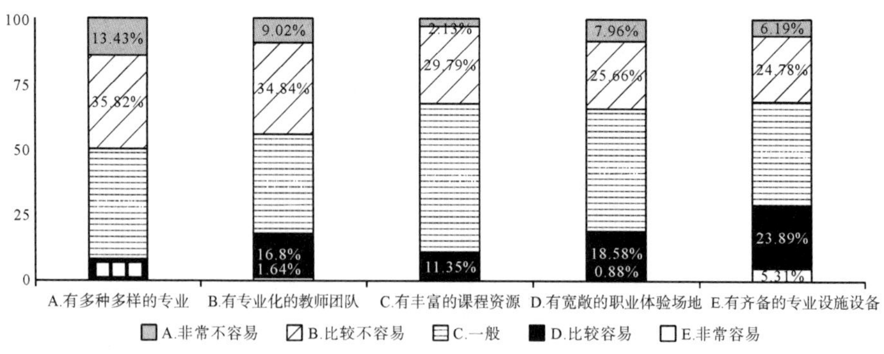


图 1-4 职业体验教育的难易程度和院校优势

5. 大部分职业院校设有专门的管理部门

在对职业院校管理部门的调查中，发现超过八成（见图 1-5）的职业院校都设有专门的管理部门，如实训中心、培训中心、教务处、各教研（系）室等。

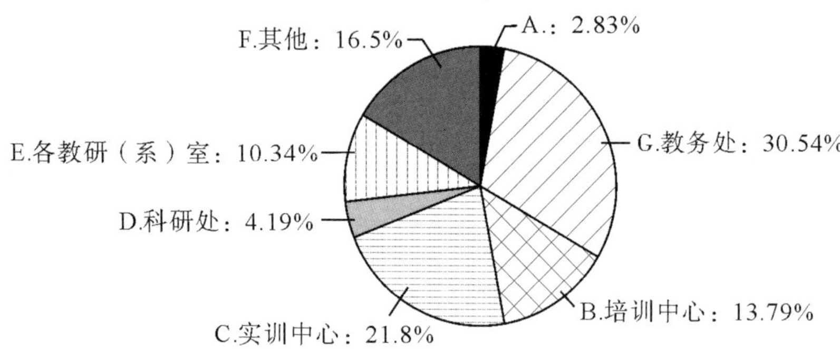


图 1-5 职业院校管理部门设置

6. 职业院校教师参与积极性高，能胜任职业体验教学（见图 1-6）

通过是否参与过职业体验教学活动与教师参与意向的交叉对比发现，无论是否参加过职业体验授课的老师，超过八成表示比较愿意为小学生上职业体验课。

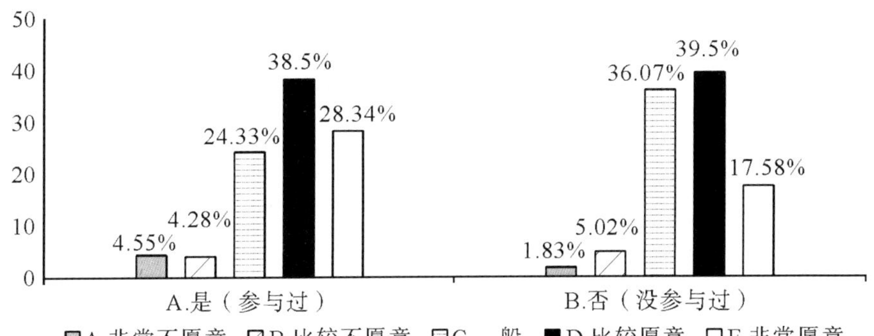


**图 1-6 职业院校教师参与职业体验教育的意愿**

在对职业教育教师担任职业体验课程教学工作的调查中，认为自己能胜任职业体验课的老师，超过八成（见图 1-7）。

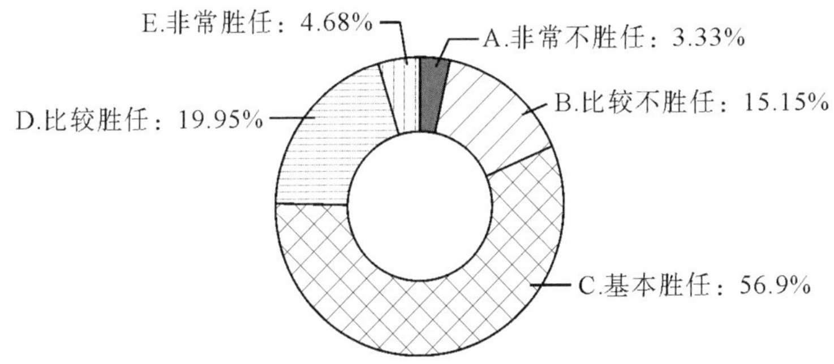


**图 1-7 是否胜任职业体验教学工作**

### （五）存在的问题

#### 1. 中小学对职业体验的了解程度整体较低

在对职业体验了解程度的整体调查中发现（见图 1-8），义务教育学段师生了解较少，仅占三成；高中学段师生超过四成；结合现场座谈，呈现以下现象：

（1）体验比较表面。中小学对某一职业开展体验，只是角色扮演、模拟实践，对职业的内涵认识不深刻，学生并没有通过体验提高职业认知，了解职业需要的基本素质、基本能力等。

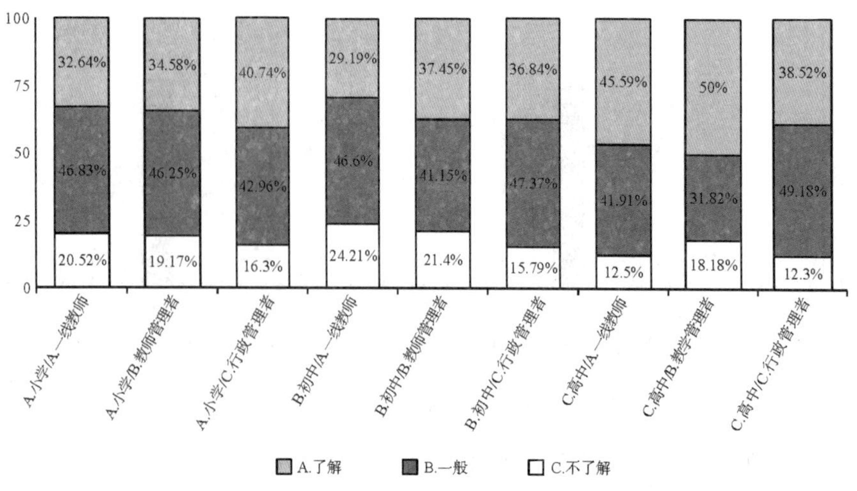


**图 1-8　中小学师生对职业体验的了解程度**

（2）讲职业缺实践。通过班会课开展生涯规划教育，比较空洞，说教等形式较多，场景体验少，缺乏实践。

（3）只有实践没有理解。如中小学果园园艺师的体验变成了一堂劳动教育课，讲解员机械讲解；职业院校的职业体验课也仅从教学的角度完成，没有把握职业体验的要求，没有从职业的角度引导学生进行探讨。职业体验的目的是引导学生认识职业，发现自身特长，形成正确的劳动价值观和择业观，但该目的并没达到。

2. 对于支持开展职业体验的学校与其是否开设课程有直接关系，但整体情况有待提升

在对学校的调查中，对支持开展职业体验教育的学校与学校开设职业体验课程进行交叉对比统计，发现支持的学校四成开设了职业体验课程（见图 1-9）。

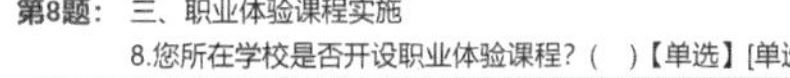
**第8题：** 三、职业体验课程实施
8.您所在学校是否开设职业体验课程？（ ）【单选】[单选题]

| X\Y | A.是 | B.否（若选择否，后面内容为你期待的开展形式和内容） | C.不清楚 | 小计 |
|---|---|---|---|---|
| A.支持 | 3181(44.56%) | 2292(32.11%) | 1666(23.34%) | 7139 |
| B.无所谓 | 112(16.02%) | 269(38.48%) | 318(45.49%) | 699 |
| C.不支持 | 34(14.11%) | 96(39.83%) | 111(46.06%) | 241 |

表格 柱状图 条形图 折线图 雷达图

60
40
20
0
44.56%
32.11%
23.34%
16.02%
38.48%
45.49%
14.11%
39.83%
46.06%
A.支持
B.无所谓
C.不支持
A.是 B.否（若选择否，后面内容为你期待的开展形式和内容） C.不清楚

图 1-9　学校是否开设职业体验课程

## 3. 学校对于支持开展职业体验教育的态度不够积极

将学校对于开展职业体验教育的态度与学校开设职业体验教育课时做交叉对比发现，表示支持的学校有超过五成设置了相关课时，态度一般的有超过四成的设置了相关课时；总体来说设置课时的占比超过七成（见图 1-10）。

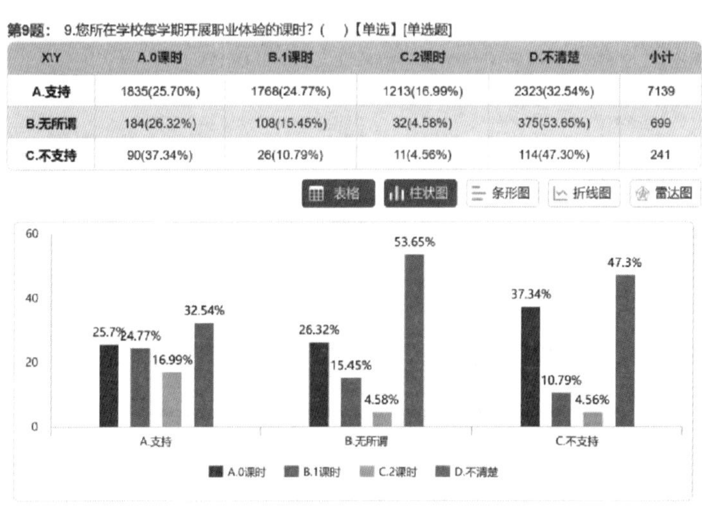
**第9题：** 9.您所在学校每学期开展职业体验的课时？（ ）【单选】[单选题]

| X\Y | A.0课时 | B.1课时 | C.2课时 | D.不清楚 | 小计 |
|---|---|---|---|---|---|
| A.支持 | 1835(25.70%) | 1768(24.77%) | 1213(16.99%) | 2323(32.54%) | 7139 |
| B.无所谓 | 184(26.32%) | 108(15.45%) | 32(4.58%) | 375(53.65%) | 699 |
| C.不支持 | 90(37.34%) | 26(10.79%) | 11(4.56%) | 114(47.30%) | 241 |



图 1-10　学校每学期开展职业体验的课时情况

4. 缺乏相关机制保障

调研发现，中小学德育部门负责职业体验教育工作最多，其次是教务部门和校级领导直接负责职业体验教育工作（见图 1-11），超过三分之一的学校没有明确具体的管理机构，说明需要加强机制建设。建立有评价制度的学校只有三成（见图 1-12），有待完善的学校有近七成。

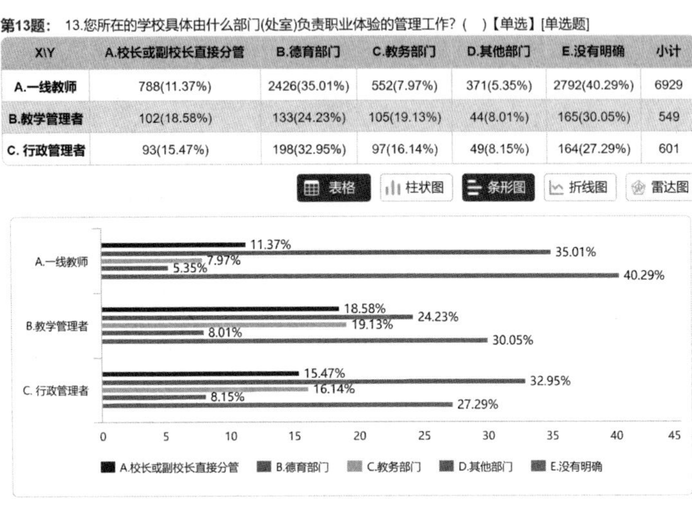

第13题：13.您所在的学校具体由什么部门(处室)负责职业体验的管理工作?（ ）【单选】[单选题]

| X\Y | A.校长或副校长直接分管 | B.德育部门 | C.教务部门 | D.其他部门 | E.没有明确 | 小计 |
|---|---|---|---|---|---|---|
| A.一线教师 | 788(11.37%) | 2426(35.01%) | 552(7.97%) | 371(5.35%) | 2792(40.29%) | 6929 |
| B.教学管理者 | 102(18.58%) | 133(24.23%) | 105(19.13%) | 44(8.01%) | 165(30.05%) | 549 |
| C. 行政管理者 | 93(15.47%) | 198(32.95%) | 97(16.14%) | 49(8.15%) | 164(27.29%) | 601 |



图 1-11　什么部门负责职业体验的管理工作

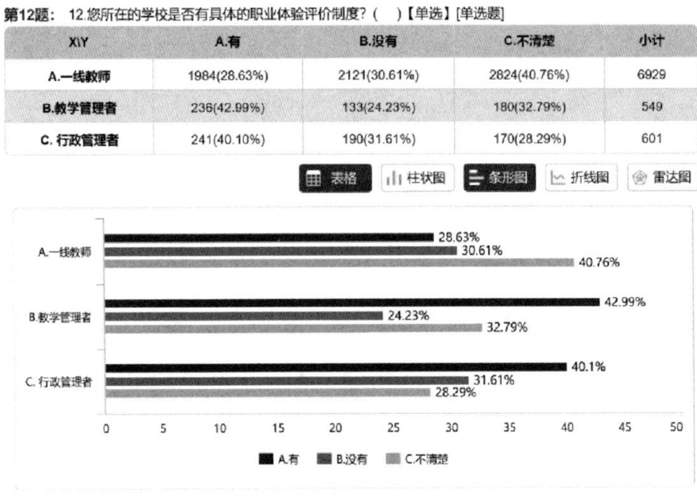

第12题：12.您所在的学校是否有具体的职业体验评价制度?（ ）【单选】[单选题]

| X\Y | A.有 | B.没有 | C.不清楚 | 小计 |
|---|---|---|---|---|
| A.一线教师 | 1984(28.63%) | 2121(30.61%) | 2824(40.76%) | 6929 |
| B.教学管理者 | 236(42.99%) | 133(24.23%) | 180(32.79%) | 549 |
| C. 行政管理者 | 241(40.10%) | 190(31.61%) | 170(28.29%) | 601 |



图 1-12　学校是否有具体的职业体验评价工作

5. 课程内容和实施路径相对单一

整体开展的课程内容主要是与学校教学内容相关的职业体验活动（见图 1-13），超过五成的学校开展过“生活型体验”，有近三成的学校开展过“服务类体验”，但也有近三成学校没有开展过“生活、服务、生产”职业体验（见图 1-14）。

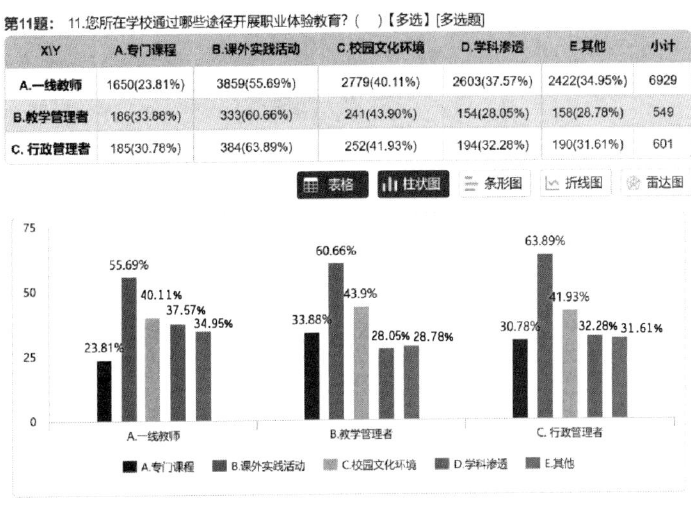

第11题： 11.您所在学校通过哪些途径开展职业体验教育？（ ）【多选】[多选题]

| X\Y | A.专门课程 | B.课外实践活动 | C.校园文化环境 | D.学科渗透 | E.其他 | 小计 |
|---|---|---|---|---|---|---|
| A.一线教师 | 1650(23.81%) | 3859(55.69%) | 2779(40.11%) | 2603(37.57%) | 2422(34.95%) | 6929 |
| B.教学管理者 | 186(33.88%) | 333(60.66%) | 241(43.90%) | 154(28.05%) | 158(28.78%) | 549 |
| C.行政管理者 | 185(30.78%) | 384(63.89%) | 252(41.93%) | 194(32.28%) | 190(31.61%) | 601 |



图 1-13　学校通过哪些途径开展职业体验教育

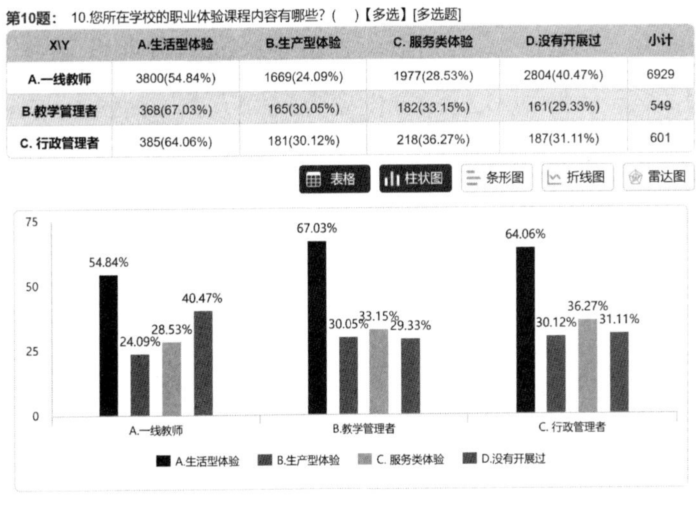

第10题： 10.您所在学校的职业体验课程内容有哪些？（ ）【多选】[多选题]

| X\Y | A.生活型体验 | B.生产型体验 | C. 服务类体验 | D.没有开展过 | 小计 |
|---|---|---|---|---|---|
| A.一线教师 | 3800(54.84%) | 1669(24.09%) | 1977(28.53%) | 2804(40.47%) | 6929 |
| B.教学管理者 | 368(67.03%) | 165(30.05%) | 182(33.15%) | 161(29.33%) | 549 |
| C.行政管理者 | 385(64.06%) | 181(30.12%) | 218(36.27%) | 187(31.11%) | 601 |



图 1-14　职业体验课程内容有哪些

6. 小学、初中及高中缺乏职业体验教育的专职教师

小学阶段有 37.84%的学校缺乏职业体验教育的专职教师，而初中阶段和高中阶段的学校占比分别为 38.21%和 14.51%（见图 1-15）。

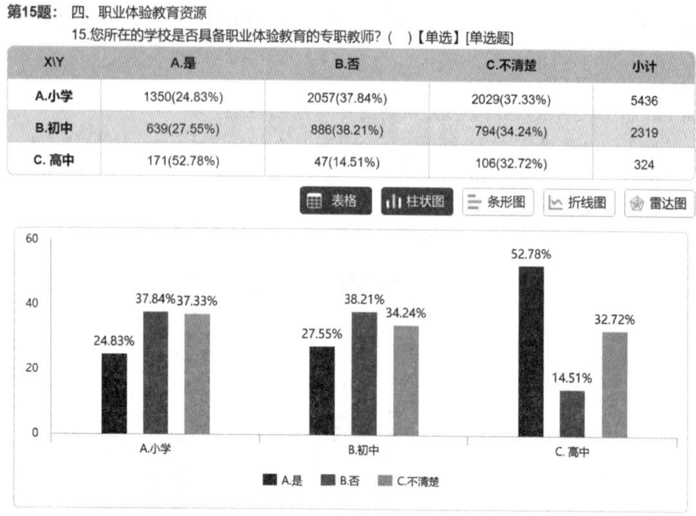

第15题： 四、职业体验教育资源

15.您所在的学校是否具备职业体验教育的专职教师？（ ）【单选】[单选题]

| X\Y | A.是 | B.否 | C.不清楚 | 小计 |
| --- | --- | --- | --- | --- |
| A.小学 | 1350(24.83%) | 2057(37.84%) | 2029(37.33%) | 5436 |
| B.初中 | 639(27.55%) | 886(38.21%) | 794(34.24%) | 2319 |
| C. 高中 | 171(52.78%) | 47(14.51%) | 106(32.72%) | 324 |



图 1-15　学校是否具备职业体验教育的专职教师

7. 职业院校资源利用率不高

义务教育阶段有超过四成、高中阶段有超过六成的学校以校内资源为主，利用职业院校资源的小学和初中不到两成（见图 1-16）。

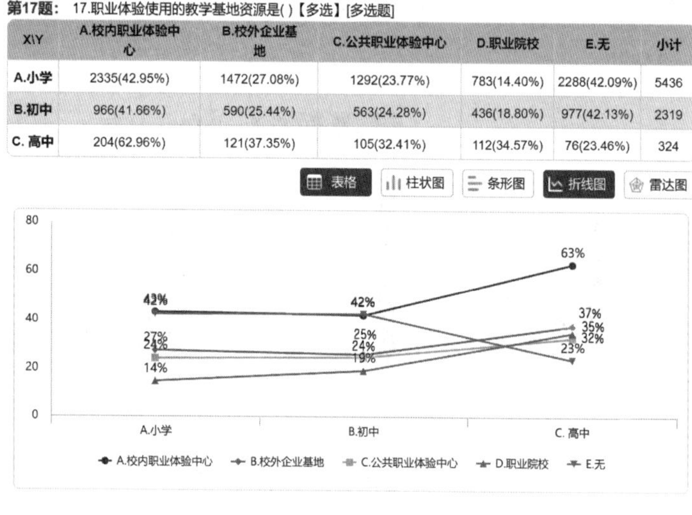

第17题： 17.职业体验使用的教学基地资源是( )【多选】[多选题]

| X\Y | A.校内职业体验中心 | B.校外企业基地 | C.公共职业体验中心 | D.职业院校 | E.无 | 小计 |
| --- | --- | --- | --- | --- | --- | --- |
| A.小学 | 2335(42.95%) | 1472(27.08%) | 1292(23.77%) | 783(14.40%) | 2288(42.09%) | 5436 |
| B.初中 | 966(41.66%) | 590(25.44%) | 563(24.28%) | 436(18.80%) | 977(42.13%) | 2319 |
| C. 高中 | 204(62.96%) | 121(37.35%) | 105(32.41%) | 112(34.57%) | 76(23.46%) | 324 |



图 1-16　学校职业体验教学基地分布情况

（六）调查结论与建议

1. 加强市域职业体验教育课程资源建设

职业体验课程资源的建设需要进一步加强，主要围绕职业体验教育“全学段螺旋式上升”的课程目标和“覆盖三大产业”的课程内容，重点在于基于学段特征制订目标，难点在于课程内容的分类整合。学生日常职业体验教育内容需要进一步丰富，学校组织的职业体验教育数量需要进一步增加。在职业体验教育内容的选择上，学生倾向于实践参与，同时以不同岗位的体验形式开展。

2. 优化市域职业体验教育课程实施人员

教研部门需要开发内容丰富、层次分明、形式多样的职业体验教育教师教育课程资源，满足教师的专业发展需求，促进教师的深度学习和专业发展。市级、区级、校级教研部门要发挥各自优势，共研、共建、共享优质教师教育资源，实现教师教育资源的丰富性、层次性和多元化。

3. 加强市域职业体验教育课程场所建设

职业院校有天然、丰富、多样的职业体验教育基地资源，市域在加强基地资源建设过程中，需要围绕时间和内容两个维度进行统筹规划，充分发挥市域的筹划功能。

在访谈中，有部分学生家长表示对于学校开展职业体验教育较为支持，可进一步挖掘家校协同育人价值。要构建家庭职业体验教育实践基地，完善家庭职业体验教育课程和家庭职业体验教育机制，利用家庭职业体验教育实践基地，进一步发挥家庭教育的基础性作用，实现家校协同育人。

## 第二节　有关职业体验教育的已有研究

教育要与生产劳动和社会实践相结合，职业体验是将教育与生产劳动、社会实践相结合的重要内容与路径。教育部印发《中小学综合实践活动课程指导纲要》（教材〔2017〕4号）将“考察探究、社会服务、设计制作、职业体验”确定为综合实践活动的四种活动方式，职业体验成为培养学生形成正确劳动观念、提升生涯规划能力和发展综合素质的重要举措。近年来，国家出台的义务教育、普通高中阶段教育、职业教育文件都涉及“职业体验”，《国务院关于印发国家职业教育改革实施方案的通知》（国发〔2019〕4号）提出“鼓励中等职业学校联合中小学开展劳动和职业启蒙教育”；《国务院办公厅关于新时代推进普通高中育人方式改革的指导意见》（国办发〔2019〕29号）要求“普通高中学校要明确指导机构，建立专兼结合的指导教师队伍，通过学科教学渗透、开设指导课程、举办专题讲座、开展职业体验等对学生进行指导”；《中共中央 国务院关于深化教育教学改革全面提高义务教育质量的意见》指出“充分发挥劳动综合育人功能，制定劳动教育指导纲要，加强学生生活实践、劳动技术和职业体验教育”。因此，有必要系统梳理和总结归纳我国中小学生职业体验教育方面已有文献，构建全面、完整的中小学生职业体验研究谱系，为进一步把握和开展职业体验教育提供认识框架和路径选择。

### （一）职业体验内涵、特征与类型的研究述评

准确认识事物是科学实践的前提和基础。要解决中小学职业体验的认识问题，首先需回答中小学职业体验“是什么”。已有研究围绕中小学职业体验的内涵、特征、类型展开论述，形成了“中小学职业体验是什么”的整体认识框架。

中小学职业体验可追溯至清末民初“癸卯学制”提出的5年中学堂中等教育，其属普通教育性质，兼有升学和就业两重任务。之后，陈独秀的《今日之教育方针》首提现实主义（科学）、惟民主义（民主）、职业主义和兽性主义（军国民）四大主义，特指智育、德育和体育加上面向职业的教育（陈独秀，1915）。黄炎培明确主张改革教育就必须融通教育与职业，“凡教育，皆含职业之意味”（黄炎培，1917）。恽代英认为中国“百业疲弊”“学术荒废”的根本原因在于“学问与职业不能一贯，故学问职业两无关系，不能互相助益也”（恽代英，1984）。

将职业与教育结合并以职业体验在中小学校开展实践，20世纪的美国、日本、德国、英国等发达国家已先行先试。20世纪70年代末美国的小学、初中、高中都重视职业规划、职业与技术教育（Donald E. Super，1976）；日本在1999年提出了加强学校教育与基础教育的衔接（Patterson Jim，2005；Jasmine L. Knight，2015）；德国的职业教育渗透到小学、中学阶段，8年级每个学生都要开展职业体验课程（Stanley B Baker，John G Taylor，1998）；韩国为青少年开设了直接或间接的职业体验活动（UNESCO，2001）。

21 世纪以来，中小学职业体验的国内外研究范围逐渐拓宽，理论层面关注中小学职业体验的内涵、特征与价值。一是认识论和实践论两种视角：认识论视角将职业体验看作通过亲身经历认识职业、认识自我（Piaget，2010；刘晓 等，2016）；实践论视角认为职业体验是一种职业性、体验性、综合性实践活动（Jianwei Liu，Mary McMahon，Mark Watson，2014；周齐佩 等，2018）。二是职业性、体验性、教育性是职业体验的主要特征（李科燕，2017；王昕明，2018）。三是教育价值、文化价值、社会价值是职业体验的三种价值类型，其中教育价值包含育人价值、职业院校价值、职业教育价值（陈衍，2014）。

实践层面侧重于课程、活动、平台三个方面。①职业院校为中小学生提供课程及中小学自主开设课程，是职业体验课程开设的两种形式（Carol A.，2001）。②整体设计和体系建构“职业体验周和职业体验日”，是职业体验活动的设计思路（陈鹏 等，2015；吕君，2017）。③建立职业体验平台是教育资源共享的路径，开发实体资源和网络资源是区域和学校开展职业体验的主要方式（康翠萍 等，2019；姜婷 等，2019）。

1. 关于职业体验内涵的已有研究

概念是把握事物的认识工具和思维形式。从中小学层面，对“职业体验”概念的理解主要有四种代表性观点：

（1）职业体验是一种“实践活动”。该观点认为职业体验是一种职业性、体验性、综合性的实践活动，是一种突破了传统学校职业教育，通过多种职业性实践活动项目和活动方式开展的，以广大青少年和儿童为主体，体现经验和生活对其发展价值的个性化职业教育[①]。说它是一种职业性实践活动，指职业体验是在真实或模拟的工作情境或岗位任务的环境下，以特定的活动设计促进学生在体验中获得职业认知、职业倾向性和职业态度。可见，该观点侧重职业体验的“职业”属性，认为它是一种体验性实践活动，是将职业体验视为学生认识职业、了解职业的一种体验式活动，指学生就学期间在公司、工厂等进行的一定时间的职业劳动生活体验活动，旨在使他们塑造职业意识，形成职业价值观，做出职业生涯规划以

① 周齐佩，潘波，孙日强．“职业体验”活动体系构建的探索与实践［J］．教育与装备研究，2018（2）：32，31-34.

及获得职业机会[①]，该定义侧重职业体验的“体验”特质。作为一种综合性的实践活动，职业体验让学生在行为体验中获得心灵感知，是使学生的心理、价值观、职业技能达到教育目的的一种综合性教育活动，这是教育视角下“职业体验”的“综合”意蕴。

（2）职业体验是一种“实践过程”。“过程”是对作为动词的“体验”的动态理解。从类型看，职业体验是主体在实践中“认知—明理—发展”的动态过程，既有亲身经历的行为体验，也有实践基础上的心理体验，行为体验和心理体验是职业体验的两种类型。在层次上，职业体验是“从意识、知识、技术等层面引导学生体验职业环境、培育职业能力的实践过程”[②]。意识层的职业体验目的是形成职业观念，知识层的职业体验在于了解职业知识，技术层的职业体验旨在培养职业技能。就结果而言，职业体验是通过亲身体验获得某一职业的阶段性经历或不断实现知识更新、深刻认识职业和完善自我的过程。

（3）职业体验是一种“职业认知”。如果说实践活动或实践过程侧重“体验”二字，那么“职业认知”则侧重“职业”。皮亚杰（Jean Piaget）认为，儿童通过手脚对真实事物的接触，在他们头脑中构筑知识。职业体验是个体参与到真实或模拟职业情境里，深度体验和感悟职业劳动，并建构知识、丰富经验的过程。从这个角度来说，职业体验是个体亲自经历、亲身实践来认知职业岗位，感知各种职业，这其实是对职业进行认知的一种方法，具有方法论的意义。

（4）职业体验是一种“自我觉知”。不同职业主题情境能让学生体验不同的职业角色，在多类型、多层次的职业体验中学生可更早发现自己的职业喜好，发掘自己的职业倾向。刘晓等指出，职业体验是指青少年在高仿真的设施场所和人为建构的社会单位中，在专业教师的指导下，通过身份扮演、机器碰触等方式了解各行各业要做的事情，在玩乐中判断自己的职业喜好。职业体验让青少年可以更加清晰地认识到自己的职业喜好，从而更好地看清未来的就业方向。

概言之，中小学职业体验的内涵有认识论和实践论两种解释视角，认识论视角将职业体验看作通过亲身经历认识职业、认识自我，说明职业体

---

① 刘奉越. 日本高职教育“就业体验”的特点及启示［J］. 江苏技术师范学院学报，2009（5）：76-80.

② 邱开金. 职业体验：职业教育的理性回归［J］. 职教论坛，2012（24）：20-22.

验具有“认识论”意义；实践论视角将其看作为一种职业性的实践活动和实践过程，说明职业体验兼具“实践性”特质。

2. 职业体验特征的已有研究

职业体验是一种“实践活动”“实践过程”延伸，中小学职业体验的特征研究有活动、过程和课程三种视角：

作为一种活动的职业体验，有“规划性、职业性、体验性、教育性”四大特征。规划性指职业体验活动有设计和规划，如活动对象、活动需求、活动内容、活动安排等方面的规划。职业体验活动的职业性指要能够培养职业兴趣和职业意识。活动项目设计的体验性指活动项目内容可行性、可操作性，符合体验者心理、身体成长规律。活动开展的教育性，在于通过系列活动的形式增强广大青少年、儿童的职业意识和职业技能，引导青少年、儿童在体验之余，能够展望职业前景、树立职业理想。

作为一种过程的职业体验，具有“体验性、自主性、职业性、适应性”。体验性是指学生亲身体验不同职业角色，增强职业感知。自主性是指学生在教师引导下自愿、自觉地参加体验活动。职业性是指学生可亲身体验职业角色，了解职业知识。适应性是指职业体验既要适应社会经济发展需求，也要适应学生身心发展规律。

作为一种课程的职业体验，要能充分体现“三性三化”特征，即“体验性（做）、职业性（专）、普适性（趣）、生活化（情）、课程化（环）和信息化（新）”。由此发现，职业性、体验性、教育性是职业体验的主要特征，其中，职业性是独特特性，体验性是根本特点，教育性是价值追求。

3. 职业体验类型的已有研究

职业体验类型的研究文献有时间、空间、内容三个划分维度。在时间框架下，职业体验可分为“入学前体验、课余时间体验”①。按不同空间场所分，有技术型职业体验、管理型职业体验、自由独立型职业体验。技术型职业体验主要针对车间工人、纺纱织布等技术性较强的专业；管理型职业体验以团结精神、团队意识为主体验岗位职责；自由独立型职业体验主要指画家、志愿者这类工作地点和工作时间相对较自由的职业体验。内容分类下的职业体验有职业意识体验、职业知识体验和职业技术体验，也有

① 王瑶，管欣. 高职院校职业体验教育研究探析［J］. 三门峡职业技术学院学报，2013（6）：27-29.

学校开展职业岗位体验、生存技能体验与文化传承体验。职业岗位体验旨在让学生在体验过程中认识职业岗位要求和职责，体会工作的艰辛；生存技能体验意在让学生通过体验，学习生存技能，提高防灾避险的能力，认识生命的价值；文化传承体验则让学生了解中华优秀传统文化，接受传统文化的熏陶，提升文化修养。还有将职业体验内容分为工具理性的职业知识体验、职业技能体验、职业文化体验和价值理性的职业认知体验、职业技术体验、职业人生体验①。可见，时间、空间、内容的三重分类维度形成了立体的职业体验类型结构。

（二）中小学生职业体验的中国实践与国际经验

中小学生职业体验该“怎么办”涉及实践层面的举措或经验。已有研究从国内、国际两个维度展开，国内中小学生职业体验的实施方式以开设课程、设计活动、搭建平台、建立中心为主，国外在政策、实施、评价方面推进。

1. 中小学生职业体验的中国实践

方式一：开设职业体验课程。一种是职业院校为中小学生提供职业体验课程。如北京市东城区青少年学院景东学区分院在文化素养课程中融入职业素养内容，构建了“文化素养+职业素养”课程，为区内中小学生提供了丰富的素质提高课程选择。北京国际职业教育学校面向全区中小学生开设了众多具有职教特色的职业体验课程，开展了丰富多彩的职业体验活动②。另一种是中小学校自主开设职业体验课程。如河北石家庄自2016年就在全市中小学分阶段开展生涯规划教育：小学高段开设职业体验课程，渗透职业体验教育，培养学生的职业意识；初中阶段开设职业认知课程，渗透职业生涯教育，增强学生生涯规划能力；高中阶段开设职业探究课程，开展职业技能研究性学习，提升学生职业认知和创新能力。

方式二：设计职业体验活动。如上海市教育委员会发布的《2017年上海市职业教育工作要点》（沪教委职〔2017〕1号）中指出，“促进普职横向融合。做好职业教育活动周和职业体验日活动”。上海市从选择活动内容、组织活动过程、构建长效机制对职业体验活动进行整体设计和体系建

---

① 和克纯，邱开金．基于工具理性与价值理性的现代职教问题研究［J］．职教论坛，2012（36）：12-13.

② 北京市东城区青少年学院景东学区分院等．创转型新路 谱职教新篇［J］．北京教育（普教）：2017（1）：76.

构。以体验需要为核心，规划活动项目内容；以有序为原则，组织活动过程；以课程开发为重点，构建体验日长效机制；以多元发展为引领，做实职业体验体系。职业体验日活动成为上海市落实职普融合教育政策的重要抓手。

方式三：搭建职业体验平台。为引导学生感受社会主义核心价值观的丰富内涵，北京市东城区教委自 2014 年联合 100 多家单位，为区内学生搭建职业体验营活动平台，学生可通过东城数字德育网在网上预约职业体验营活动。学生深入企业内部，在瑞星公司学习互联网安全知识，在首都机场航空安保公司感悟爱岗敬责的态度，在蒙牛乳业公司体会人才之于企业的意义。为提高学生的综合素质和可持续发展能力，《2015 年上海市职业教育工作要点》（沪教委职〔2015〕1 号）提出要结合实体资源和网络资源，打造面向中小学生的职业实践与多元学习互动的综合职业体验平台。

方式四：建立职业体验中心。职业体验中心是教育资源共享的一种实现形式，具有贴近职业教育、体验社会职业的特点和功能。2015 年上海市政府颁布的《上海现代职业教育体系建设规划（2015—2030 年）》（沪教委职〔2015〕30 号）提出："推进'职业体验日'制度化，依托职业院校，探索建立 30 个面向中小学生的职业体验中心，加强职业体验教育，推进职普渗透，提高职业教育吸引力。"为加快职业生涯教育和职普融通，北京市东城区成立了中小学职业体验中心，并在八个学区试点；丰台区职教中心面向全市中小学生建立了中小学职业体验中心；密云区开放职业高中实训基地，为中小学生提供职业教育体验场所。

2. 中小学生职业体验的国际经验

综观全球，美国、日本、德国、英国等发达国家很早就把"职业体验"纳入国家政策或报告中，并逐步将其融入国家教育体系，职业体验课程和职业体验活动成为各国的主要路径选择。美国在 20 世纪 80 年代末起重视对中小学生的职业发展指导。1989 年，美国国家职业信息协调委员会发布《国家职业发展指导方针》提出，针对小学、初中、高中、成人四个阶段分别设置了对自我意识重要性的认识、与他人交往的技巧、对成长与改变的重要性的认识、教育与职业关系的探索、对工作与学习的关系的认识、理解和使用职业信息的技能、对责任和良好工作习惯的重要性的认识、对工作与社会需求和社会功能之间的关系的认识、职业规划 9 个维度的能力指标。以小学阶段职业规划维度为例，其对职业规划过程的认识的量化指标是“描述职业规划的重要性、描述各种职业群所需要的不同技巧、制订开发出一份面对小学生的职业计划”。美国的高中也十分重视职业与技术教育，2016 年曼哈顿研究院发布的报告称纽约市 400 余所高中里有 40%的高中生至少注册了一门职业与技术类课程。日本在 20 世纪末开始探索中小学职业体验教育。1999 年，日本中央教育审议会发布了《关于改善初等、中等教育与高等教育衔接》报告，提出加强学校教育与职业教育的衔接已迫在眉睫，并提出从小学开始实施职业体验教育，其核心是开展职业观和劳动观的教育。报告还提出学科渗透、在社会或道德课中让学生进入真实的职业场所体验、创建职业体验教育体验所等具体措施。德国的普通教育与职业教育建立了紧密联系，职业教育渗透到小学到中学各阶段的学习中。德国政府规定在学生 8 年级时全部中学必须为每个学生开展职业体验课程，其目的是通过职业认知和职业体验让学生了解自身的职业兴趣和发展潜力，从而形成稳定的职业倾向，以为下一阶段的职业教育作准备。据英国教育部官网 2019 年 3 月 5 日报道，英国教育大臣达米安·海因兹（Damian Hinds）宣布英国教育部将与各行业专业人士合作，在小学开设与职业教育相关的课程，争取在小学阶段全面覆盖职业教育。目前，英国已开展小学未来项目，并提供相应的课程以提高学生对未来的认知、职业憧憬和职业定位。根据青少年职业认知、探索、体验三种不同目标，韩国开发并实施了多种直接或间接的职业体验活动，为青少年提供了学科体验型、演讲对话型、职业咨询型、现场参观型、现场职业体验型、职业实务体验型活动，为保证职业体验活动的顺利实施，教育部及各地区教育厅设立了自由学期制职业体验支援中心。

3. 中小学生职业体验的研究结论与未来趋势

结合中小学生职业体验的内涵、特征与价值研究，根据已有文献，发现中小学生职业体验有三大理论基础：一是实用主义理论。杜威（John. Dewey）曾指出，“职业给我们一个轴心，它把大量变化多样的细节贯穿起来，使种种经验、事实和信息的细目彼此井井有条”。职业体验将中小学生的学校生活与社会生活结合起来，让学生从生活中学习、从经验中学习，在“做中学”与“学中做”中建立了知识、生活与职业的联系。二是建构主义理论。该理论认为学习是学习者借助情境，在与外部环境的相互作用下逐渐构建起新旧知识间的联系，在同化或顺应中优化认知结构。职业体验让中小学生的已有知识在真实或虚拟体验中得到内化或迁移，在活动与经验中建构新的知识和能力。三是多元智能理论。多元智能理论提倡运用多元视角和形式因材施教，激发学生的认知兴趣，以帮助学生不断地探索自我特长。中小学生在职业体验中能更客观地认识自我，发现自己的职业兴趣和职业发展原动力。

在概念层次上，职业体验、生涯规划教育、职业体验教育是中小学生职业体验的上位概念，其又有不同的层次。第一层的是职业体验教育。职业体验是职业体验教育的行动路径。凯兴斯泰纳（Georg Kerschensteiner）的劳作学校从小学一年级就开始进行职业教育，着手培养和训练学生适应社会发展的应变能力和手工技巧，养成正确的劳动态度，这种职业预备教育是为学生进行职业理想教育、职业情感教育、职业态度教育。第二层次是生涯规划教育。职业体验是中小学生涯规划教育的实践内容。在职业体验和职业探索过程中，中小学生可以了解职业、认识社会，从而有针对性地形成职业所需的素养，以为职业生涯做准备。三者中最高层次的概念是职业体验。职业体验是开展职业体验教育的重要途径。在职业体验馆开展职业模拟活动和基地实践活动，对学生按职业、行业或工种开展职业体验，能够让中小学生在真实情境中学习和动手实践，亲身体验工作的精细化要求，感悟劳动者的敬业精神和职业教育蕴含的工匠精神，在劳动体验中培养学生实践创新的意识和能力①。

核心素养、职普融通、综合实践活动也为人们认识中小学生职业体验提供了不同视角。《中国学生发展核心素养》指出，健康生活是学生认识自我、发展身心、规划人生的综合表现。有学校通过制定参与目标体系与质量测评体系，开发“自我认知—职业认知—生活与职业规划”的测度量表，教师在课程研发方面目标更加明确，从原来的职业技能导向转化为以职业体验为方式、以核心素养提升为目标，更多地凸显学会学习、健康生活、责任担当、实践创新的培养目标，同时将职业特点与人文底蕴、科学精神有机结合。同时，职业院校应在职普融通背景下，让中小学生在职业院校现场感受实训中心体现出的企业文化、职业文化、工匠文化，通过职业陶冶引导中小学生了解职业教育，形成对职业的直观认识。此外，职业体验活动是综合实践活动课程的有机组成部分，职业体验活动的设计既要遵循综合实践活动本身的自主性、实践性、开放性、整合性、连续性等原

① 高瑜，黄廷美. 近十年来我国中小学生职业体验研究综述［J］. 当代职业教育，2019（5）：40-46.

则，也要突出职业体验活动的关键要素，关照中小学生职业发展的不同阶段。

未来，中小学生职业体验研究将呈现以下趋势：

一是研究数量持续增加。经查阅文献发现，职业体验研究主要集中在高等教育和职业教育领域，中小学生职业体验的文献相对较少。近年来，我国部分中小学校逐渐开展职业体验教育。从国际趋势和国家政策看，不论是发达国家中小学生职业体验的经验启示还是当前国家对普通高中、义务教育阶段职业体验的重视，可以预见的是，中小学生职业体验的研究数量会与日俱增。

二是实证研究不断加强。仅就搜集的文献资料看，已有研究主要涵盖中小学生职业体验“是什么、为什么、怎么办”，在研究方法上侧重理论分析或经验总结。在教育学走向科学的道路上，实证研究将成为一种必要的途径，可以量化的实证研究会是重要的研究范式。

三是内容体系日趋健全。中小学生职业体验需要系统设计、协同互补。从研究内容看，有必要进一步完善中小学生职业体验体系，加强中小学生职业体验的指导制度和指导机制研究，使中小学生职业体验制度化、规范化、科学化，从而为中小学校和职业院校更有效益、更高质量开展职业体验提供方向引导和研究支撑。

# 第二章　职业体验教育的本质内涵

职业启蒙教育是现代职教体系的起点和根基，是职普深度融通的实践内容。《国务院关于印发国家职业教育改革实施方案的通知》（国发〔2019〕4号）提出鼓励中等职业学校联合中小学开展劳动和职业启蒙教育。作为职业启蒙教育的行动载体，职业体验对人的职业生涯、社会生活和终身发展起着奠基作用。职业体验是在模拟真实的职业情境中，让学生体验职业岗位，以增强劳动观念、优化生涯规划、提高综合素质的一种教育性实践活动。然而人们对职业体验的解释和理解各有不同，其概念存在模糊、歧义等问题。本书从本体论、认识论、价值论对“职业体验”的概念、内涵和价值逐一分析和阐释，以系统构建“职业体验”的整体认识。

## 第一节　职业体验的概念理解

概念是思维的工具、材料和结果。在教育学研究中，概念分析是认识和理解教育实践的需要，是构建教育理论的需要，是解决问题的逻辑起点①。“职业体验”作为一个合成词，分别理解“职业”和“体验”有助于把握“职业体验”的综合含义。

（一）对“职业”的理解

“职业”一词最早出自《荀子·富国》：“事业所恶也，功利所好也，职业无分，如是，则人有树事之患，而有争功之祸矣。”杨倞在《荀子注》中注：“职业，谓官职及四人之业也。”在汉语中，职业是指个人在生活中所从事的作为主要生活来源的工作。在西方语境中，德语“Beruf”最初是

① 石中英．教育学研究中的概念分析［J］．北京师范大学学报（社会科学版），2009（3）：29-31.

指与资本主义经济活动有关的职业。在英语中，vocation 体现的“个性”、profession 体现的“专门性”、occupation 体现的“薪酬性”和 career 体现的“连续性”综合在一起，成为一个完整的现代职业概念。马克思·韦伯认为职业一词，就它构成个体收入或收益的连续机会而言，是指个体功能专门化、功能细分和结合方式。可见，职业具有双重属性：一是基于劳动分工的个体性和谋生性；二是自我实现方式的连续性和专业性。从这个意义上说，职业是学生面向未来生活和可持续终身学习的必然路径。

（二）对“体验”的理解

“体验”一词出自《淮南子·汜论训》：“故圣人以身体之。”《荀子·修身》：“好法而行，士也；笃志而体，君子也。”在汉语中，对“体验”的解释是通过实践来认识周围的事物；亲身经历。在西方语境中，德语“erleben”和英语“experience”都可译作经验、经历等。在哲学中，狄尔泰认为体验是生命存在的一种方式，是对生命、人生和生活的感发和体悟；伽达默尔从分析“经历”一词的意义来获得对体验的理解，体验不仅指人经历过某件事，而且在这种经历中获得了某种体悟和某种深切的感受。在心理学中，体验作为人的一种特殊的心理活动，由感受、理解、联想、情感、领悟等诸多心理要素构成。在体验中，主体以自己的全部“自我”去感受、理解事物，因发现事物与自我的关联而生成情感反应，并由此产生丰富的联想和深刻的领悟。由上观之，不论是语言学视角还是多学科视角，体验指向“身体、经历、感悟”。由此可知，体验是具身的，通过身体的体会及其行为活动方式而形成；体验于经验中，是学习者从直接经验中构建知识、技能和价值的过程；体验与生活相关，是一种链接生活、感受生活的实践活动。

（三）对“职业体验”的理解

根据职业的“个体性与专业性”和体验的“具身性与实践性”等属性，对职业体验的理解可从平面的“关系”与立体的“维度”两方面把握。

1. 职业体验的三对关系

很显然，职业体验是合成词，它既有“职业”的规定性，也有“体验”的特质；因此，职业体验涉及“人与身体、人与实践、人与岗位”三对关系（见图 2-1）。从人与实践的角度看，职业体验是一种“实践活动”或“实践过程”，是学生“认识职业、了解职业”的实践活动，是学生在实际工作岗位上或模拟情境中见习、实习的实践过程；从人与身体角度看，职业体验是“以身体之，以心验之”，强调通过学生物理身体的激活、身体情感的感知，以及身体、情境和心智的统整，实现对职业的理解；从人与岗位角度看，职业体验是在学校知识获得与社会各种活动和职业岗位之间建立联系，引导学生从科学世界走向生活世界（见图 2-2）。

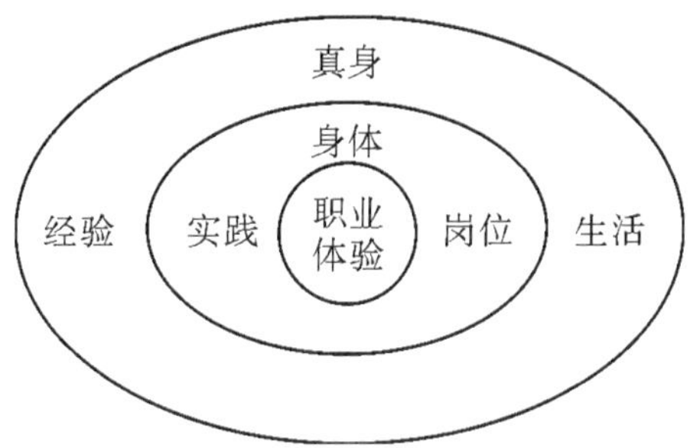


**图 2-1　职业体验的三对关系**

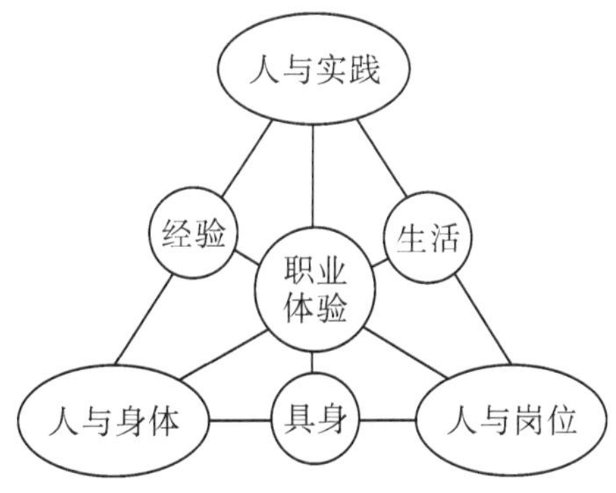


**图 2-2　职业体验的概念结构**

2. 职业体验的维度划分

从层次分析，职业体验可分为职业意识体验（感性体验、知性体验、理性体验）、职业知识体验（知识体验、专业体验和技术体验）和职业技术体验（学历体验、技能体验和技术体验）①。从过程来看，根据大卫·库伯具体体验、反思观察、抽象概括、行动应用的“体验学习圈”理论，职业体验包括选择或设计职业情境，实际岗位演练，总结、反思和交流经历过程，概括提炼经验、行动应用四个关键要素。从价值判断，职业体验有

① 邱开金．职业体验：职业教育的理性回归［J］．职教论坛，2012（24）：20-22．

助于获得真切的职业认识和情感体悟，促进学生的职业认知；有助于了解一定的职业知识与技能，培育学生的职业素养；有助于认识职业价值，形成正确的职业态度，培养学生的职业精神（见图 2-3）。

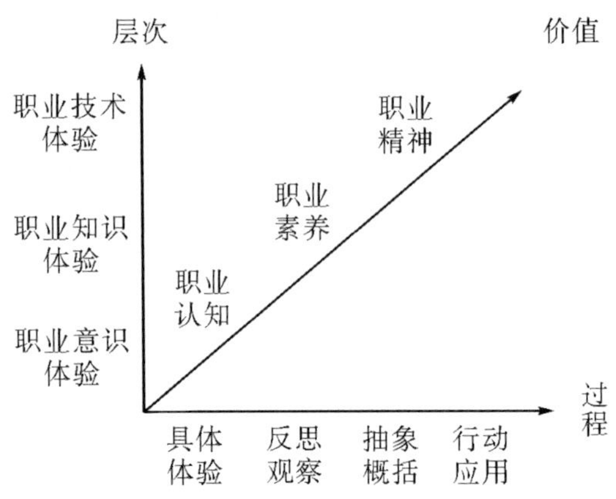


图 2-3　职业体验的不同理解维度

## 第二节　相关概念之间的关系

与职业体验相关的概念有“职业启蒙教育”“学生发展指导”“综合实践活动”“职业体验”等。在概念层次上，它们都是中小学职业体验的上位概念。

（一）职业体验是职业启蒙教育的行动路径

职业体验强调引导学生通过“实操演练”“角色扮演”等方式亲身体验相关职业的奥秘，领悟特定职业所需的职业品质，让学生直观了解“什么是职业”“这个职业做什么”“如何做好这个职业”等一系列与职业规划相关的信息，促进学生认识职业、认识自我，从而实现职业启蒙。如日本将职场体验活动作为促进职业启蒙教育的重要手段，形成了小学以参观为主、初中以职场体验为主、高中以职场见习为主的各级活动层次递进体系；美国、加拿大、德国等则开设了多样化的职业模拟活动，如加拿大中小学校设有木工车间、缝纫车间、烹调厨房等，以学分形式规定学生在中学毕业前至少要掌握两门职业技术，为将来升学或就业做准备[①]。

### （二）职业体验是学生发展指导的实践内容

《国务院办公厅关于新时代推进普通高中育人方式改革的指导意见》（国办发〔2019〕29号）要求普通高中学校要明确指导机构，建立专兼结合的指导教师队伍，通过学科教学渗透、开设指导课程、举办专题讲座、开展职业体验等对学生进行指导。职业体验是中小学职业生涯教育和学生发展指导的实践内容，为学生的职业生涯规划提供必要的实践基础，有助于学生发现自己的专长和爱好，了解社会，逐渐建立行业印象，形成职业生涯规划，促进自我实现。如上海市建平中学创立“生涯规划与职业体验特色项目”，并以“职业体验”课程的形式进行固化落实，创造性地发展了学生指导模式。

### （三）职业体验是综合实践活动的活动方式

教育部印发的《中小学综合实践活动课程指导纲要》（教材〔2017〕4号）将考察探究、社会服务、设计制作、职业体验确定为综合实践活动的四种活动方式。职业体验包括“找个岗位去体验”“职业调查与体验”“走近现代农业技术”等主题，充分体现了学校课程“向生活世界回归”的理念和做法，有助于培养学生价值体认、责任担当、问题解决、创意物化四方面的意识和能力，促进学生对自我世界、职业世界和社会发展的理解。如成都市双流区立格实验学校开展的“探社区生活　究职业甘苦”综合实践活动，包括“棠湖公园卫生工作体验与探究”“食品卫生和宣传工作体验与探究”“销售业体验与探究”等系列活动，引发了学生对社会问题的关注，增强了其社会责任感，提高了解决实际问题的能力。职业体验还有利于完善中小学综合素质评价的实施，上海率先探索建立初中学生综合素质评价职业体验模块工作机制。

### （四）职业体验是开展劳动教育的重要途径

《中共中央 国务院关于深化教育教学改革全面提高义务教育质量的意见》指出要充分发挥劳动综合育人功能，制定劳动教育指导纲要，加强学生生活实践、劳动技术和职业体验教育。职业体验具有面向职业生活和劳动世界的特点，是将教育与生产劳动相结合的重要手段。中小学生所获得的体验经由劳动（包括脑力劳动和体力劳动）产生，职业体验的过程就是

---

① 李蕾，陈鹏．发达国家职业启蒙教育的经验与启示［J］．职教论坛，2017（21）：93.

中小学生主动参与校内外劳动的过程[①]。美国、日本等教育实践表明，职业体验是实施职业教育的重要途径，是培养学生“理想的劳动观和职业观”的有效手段[②]。通过对职业劳动的真切体验，学生形成对劳动意义和价值的理解与获得，如上海市沙田学校在职业教育中融入“职业体验”活动，以“我做小掌柜”职业体验活动为例，感受卖菜掌柜勤劳与踏实的职业精神，培养学生的劳动兴趣，形成正确的劳动观念。职业体验能促进学生形成良好的劳动素养，帮助学生熟悉当代生产、服务等领域内各种职业的基本特征，发展学生创造性劳动的潜质，为学生将来的职业选择和定向做准备。

## 第三节　职业体验教育的价值向度

价值是哲学研究中的一个重要范畴。马克思主义哲学认为，价值是外部客观世界对于满足人需要的意义关系的范畴，是指具有特定属性的客体对于主体需要的意义或有用性。作为客体的职业体验，对应于学生、教育和社会三重主体，发挥着个体价值、教育价值和文化价值。

（一）个体价值：以学生发展为旨归的实践转向

职业体验体现了教育实践回归到以学生为本的教育本体论转向。从人与自我关系看，有利于实现“职业中的我”和“本体中的自我”的和谐统一；从人与社会关系看，有利于实现“科学世界”与“生活世界”的融通；从人与职业关系看，有利于实现“今日之我”和“未来之我”的圆满统一。

1. 培养职业兴趣，塑造个体主体性

从人与自我的关系来看，职业体验有助于促进学生自我认知和发展内在自我。在狄尔泰看来，体验是一种转向自我认识的过程，是理解过程从外在理解走向自我认识的内部理解过程。在职业教育与个人发展的关系上，杜威强调将职业教育与个人兴趣相联系，找到自己感兴趣的职业；黄炎培则强调“谋个性之发展”。可见，职业体验有助于学生发现自我、认

① 黄琼. 中小学职业体验活动要抓住关键要素：《中小学综合实践活动课程指导纲要》“职业体验”主题解读［J］. 人民教育，2018（3）：70.

② 张德伟. 国际中小学劳动教育初探［J］. 中国德育，2015（16）：39-44.

识自我，促进学生了解自己的职业兴趣和发展潜力，帮助学生自主选择适应未来的职业，从而实现“职业中的我”和“本体中的自我”的和谐统一。

2. 体认职业价值，促进个体社会化

从人与社会的关系来看，职业体验希望建立知识、生活与职业的联系。杜威认为，职业是一个很好的载体，因为它“给了我们一个轴心，把大量变化多样的细节贯穿起来，使种种经验、事实和信息的细目彼此井井有条”。传统教育存在学生学习与职业世界的断裂、学习兴趣不浓、生活缺乏目标和热情、未来职业生活选择迷茫等诸多问题，随着职业体验课程成为普通中小学必修课，学生将课程学习内容与真实生活情境相结合，提前了解职业属性和职业价值，进一步认识学习的意义，实现“科学世界”与“生活世界”的融通。

3. 树立职业意识，促进个体可持续发展

从人与职业的关系来看，职业体验蕴含着职业指导的发展观和终身职业指导实践。马克斯·韦伯认为，要把劳动本身作为人生的目的①。职业发展在个人生活中是连续、长期的发展过程。因此，职业体验应贯穿于人的教育过程各个阶段，渗透于整个教育体系的各个层面。正如学习型组织之父彼得·圣吉所说：“教育，不是为今天，而是为想不到的未来做准备。”杜威也曾言，“教育在名义上不是职业教育，但在实质上是职业性的”。可见，职业体验为学生未来职业生涯提供了前提可能。

（二）教育价值：职普深度融通的改革要义

职普融通既是全球教育制度改革的趋势和重点，也是近代以来国民教育体系建设中的重要问题。当前，职普融通的内涵与形式呈现多元化的趋势，上海市创立的“学生职业体验日”活动成为职普融通教育改革实践的典型事例。职业体验作为职普深度融通的有效载体，有助于深化基础教育综合改革，促进职业院校转型发展，提升职业教育影响力。

1. 落实学生发展核心素养，深化基础教育综合改革

2001 年，联合国教科文组织颁布的《关于技术和职业教育建议（修订方案）》明确提出：了解、掌握技术和知晓职业生活应是普通教育不可或缺的组成部分。立德树人、发展学生核心素养是当前基础教育改革的方

---

① 马克斯·韦伯. 新教伦理与资本主义精神［M］. 阎克文，译. 上海：上海人民出版社，2010：173-265.

向，职业体验有助于发展学生的“健康生活”“责任担当”和“实践创新”素养。从“健康生活”角度看，职业体验有助于促进学生正确认识与评估自我，根据自身个性和潜质选择适合的职业发展方向，提升自我规划和管理能力。从“责任担当”角度看，职业体验有助于培养学生的社会责任感。如成都市“我做城市小主人”青少年职业体验主题活动，通过扮演“小城”行政管理和服务机构工作人员，体验不同的职业，了解社会行政机构职能和运行，从而培养社会责任感和公民意识。从“实践创新”角度看，职业体验有助于培养学生的创新精神和创新能力。如成都市树德中学组织学生赴阿里巴巴西部创新中心、西纬科技、科大讯飞三大人工智能公司参观学习，在体验中了解中国经济转型发展，近距离感受科技创新给现代生活带来的变化，从而提高科学素养和创新创业能力。

2. 推进供给侧结构性改革，促进职业院校转型发展

当前，普通中小学在开展职业体验活动中面临缺师资、缺课程、缺场地等诸多困难，而职业院校在一定程度上又存在着招生难、转型难、就业难等多重困境，如何实现职普资源的融通共享？如何推进职业院校的结构性转型来满足学生个性化、多样化的教育需求成为亟待解决的问题。实践表明，职业体验是职普深度融通的有效载体，是激发职业院校办学活力的重要手段。法国经济学家萨伊指出，“供给创造自己的需求”。一是创造新供给，满足新需求。职业院校可立足专业特色，基于专业建设、实训场地和专业师资的优势，充分发挥优质资源服务社会的功能，为普通中小学开展职业体验提供支持。如 2019 年上海市学生职业体验活动中，63 所职业院校、94 个市级开放实训中心提供了 17 个专业大类 430 个职业体验项目，可供 6 万名学生体验。二是以提升办学能力促新发展。职业院校可主动服务普通中小学职业体验的现实需求，加强基础能力建设，探索建设集职业倾向测试、职业场景体验、职业规划指导、职业拓展培训等功能于一体的职业体验学习中心。同时，通过加大职业体验课程的研发力度、创建职业体验项目团队、加强职业体验评价研究等措施，提升职业院校教师专业能力，完善课程体系建设。如北京现代职业院校构建了涵盖职业岗位类、应急文化类、综合素养类 3 大类别 57 门课程的职业体验课程体系，包括基地授课、送课下校、专属定制三种方式，逐渐将学历教育的重点转移到了服务社区百姓、提升周边中小学综合素质方面，拓宽了办学思路，走出了一条职教转型之路。

3. 推进职普深度融合，完善大职教观构建

建设有中国特色的现代职教体系已成为一项国家战略。《国家中长期教育改革和发展规划纲要（2010—2020 年）》指出，到 2020 年，形成适应经济发展方式转变和产业结构调整要求、体现终身教育理念、中等和高等职业教育协调发展的现代职业教育体系。职业体验是现代职教体系建设的重要内容，是促进职普深度融通、实现职普教育共赢发展的有效举措，是提高优质职业教育资源使用效益、提升职业教育吸引力和影响力的重要路径。一是基于现代社会需求的大职教观理念构建。现代职业教育体系的外部适应性体现为满足广大人民群众的广泛性需要，迎合职业人个体发展的普适性需要等。职业体验活动是了解职业教育的窗口，通过职业体验活动展示行业或专业的从业人员的生活与工作状态，传授特定行业或专业的知识，向社会传递职业教育精神内涵，体现了职业教育的时代性、职业性和应用性，提升了职业教育的吸引力和影响力，一定程度上满足了学生对职业教育的普遍性和个性化需求。二是基于横向融通的职普融合性建构，促进普通教育和职业教育在教育目标、课程内容、教育体制等方面的相互沟通、相互融合。在教育目标上，共同解决学生对自身职业生涯规划不够清晰的问题，培养学生正确的职业观、劳动观和人生观。在课程内容上，共同构建具有基础性、综合性和选择性的课程内容，帮助学生开启职业兴趣、培养职业意识、规划职业生涯。在教育体制上，构建普通中小学与职业院校在课程互选、学分互认、资源互通方面的制度设计。

（三）文化价值：价值引领实践的文化育人

文化是教育之基，教育的本质是人与文化之间的双向建构。文化育人体现为个体的文化身份认同与归属、民族文化的传承与创新、民族核心价值观的塑造与凝聚力和向心力的提升。对职业体验而言，其文化价值体现为价值体认的落实、职业精神特别是劳模精神和工匠精神的继承与发展、职业文化的传承与创新。

1. 落实价值体认，价值引领职业体验实践

《中小学综合实践活动课程指导纲要》（教材〔2017〕4 号）鲜明地提出了价值引领职业体验实践的方向，价值体认就是让学生在职业体验活动中获得、加深有积极意义的价值体验，要求教师在活动设计时站在全面育

人、全程育人的高度，让学生在活动中始终贯彻正确的价值取向①。例如，在3~6年级“找个岗位去体验”活动中，要指导学生体会职业劳动的艰辛，体会劳动创造幸福生活的内涵，树立尊重别人劳动成果的意识。中小学时期是学生价值观形成的重要阶段，职业体验不仅要激发学生积极的职业情感，更要让学生理解职业所倡导的精神，有意识地引导学生进行合理价值选择。

2. 培育职业精神，弘扬劳模精神和工匠精神

中共中央办公厅、国务院办公厅《关于深化教育体制机制改革的意见》指出，要引导学生适应社会需求，树立爱岗敬业、精益求精的职业精神。国务院办公厅《关于深化产教融合的若干意见》（国办发〔2017〕95号）指出，将工匠精神培育融入基础教育。《2019年上海市职业教育工作要点》（沪教委职〔2019〕1号）指出，向中小学生及社会公众开展职业体验活动，推进劳模精神、工匠精神进校园。职业精神是人们职业活动中形成的思想意识、思维活动和心理状态，体现为工作中的敬业守信、精益求精、勤勉尽责，是促进人自由发展、形成行为规范的内在精神。职业体验要重视职业精神的培育，让学生在活动中深入认识劳模精神和工匠精神，干一行、爱一行、专一行、精一行。例如，成都市档案局开展的青少年暑期职业体验活动，学生亲身模拟了档案修裱，以此真切体会档案工作中的工匠精神。

3. 体验职业文化，实现以文育人、以文化人

职业文化是人类文化的一个子文化，具有普适意义的职业文化包括职业社会与职业单位的制度、习俗与道德，具体包括职业道德、职业精神、职业纪律和职业礼仪等。文化的本质是“人化”和“化人”的统一。“人化”即人按照自己的方式改变、改造世界，使任何事物都带上人文的性质。“化人”是用这些改造世界的成果来培养人、武装人、提高人，使人的发展更全面、更自由、更深刻。职业体验的内涵是“体验一个项目，了解一门职业，感受一种文化”。学生在实际工作岗位和模拟情境中，感受和体验企业文化、职业文化、工匠文化和传统文化，在文化传承与创新中育人。如2018年上海学生职业体验日活动，在学校的博物馆课程中心，设有“吴元浩地摊陶瓷展示馆”“景德镇陶瓷名家艺术馆”“熊景兰大师工

① 黄琼. 综合实践活动课程的核心立意与实施策略［J］. 中国教育学刊，2018（2）：69-70.

作室展示馆”以及与上海工艺美术研究所合作建设的非遗传习教室，学生通过体验职业文化，进行思考和内化，实现传承与创新，达到育人的目的。

## 第四节 职业体验教育的存在方式

体验是在实践中认识事物，其要素有三：一是身体。梅洛-庞蒂（Maurice Merleau-Ponty）认为，“我们的全部习惯对于每一瞬间的自我来说都是一种触摸不着的身体”①。裴斯泰洛齐（Johan Pestalozzi）提出教学的最高原则是“感觉印象”，是一种全身心的活动，学生的身体要参与到学习中。二是经验。杜威（John Dewey）提出，“一个人独有的经历是经验的基本特征之一”②。三是生活。胡塞尔（Edmund Husserl）将生活世界描述为“直接体验的世界”③。范梅南（Max Van Menen）也指出：“生活世界就是我们的生活体验世界……教育的意义必须到教育的实际生活中去寻找。”④ 由此可得，体验是具身的、于经验中、与生活相关。延伸到职业体验，自然涉及“人与身体”“人与实践”“人与岗位”三对关系。人与身体是人的身体必然参与到体验中，这是职业体验的前提；从职业体验的过程看，人与实践指职业体验这一“实践活动”能增长人的经验；人与岗位意为职业岗位最终指向人的生活，这是职业体验的“职业”规定。对中小学校而言，职业体验的存在方式有以下三种：

（一）一种实践使然的职业体验

近年来，国内一些学校相继开展了不同形式的职业体验。2015 年，浙江宁波甬江职业高级中学开展“职业体验”大型体验活动，近千名学生进行了职业体验。2016 年，上海的 65 所职业院校和 93 个市级开放实训中心面向全市中小学生提供了 17 个专业大类 322 个职业体验项目，这已是上海连续第三年举办职业体验日活动。上海市按照学生的认知发展规律设计职

---

① 梅洛-庞蒂. 行为的结构［M］. 杨大春，张尧均，译. 北京：商务印书馆，2005：307.

② 杜威. 民主·经验·教育［M］. 彭正梅，译. 上海：上海人民出版社，2009：37-41 .

③ 胡塞尔. 欧洲科学的危机与超越论的现象学［M］. 王炳文，译. 北京：商务印书馆. 2001：76-86.

④ 马克斯·范梅南. 生活体验研究：人文科学视野中的教育学［M］. 宋广文，等译. 北京：教育科学出版社，2003：65.

业体验课程体系，推动职业体验与职业认知课程入中小学课堂。河北省石家庄市自 2016 年起小学四年级到初二年级开设职业体验与职业认知课程，学生每学年至少参加 30 学时的职业教育课程学习，并将社会实践成绩记入学生毕业档案。2017 年，北京市丰台区职业教育中心学校推出 100 门文化类、科学类、职业体验类、生活技能类等 10 大系列的课程，北京现代职业学校开设 51 门应急文化类、职业岗位类、综合素养类课程，一学期有 20 余所学校 20 000 多名中小学生参加。2018 年，安徽省芜湖市约 12 000 名初三学生分赴芜湖高级职业技术学校和芜湖师范学校两所中职学校参加“职业体验日”活动，体验项目、了解职业技能、感受职场文化。2018 年，四川省成都市双流实验小学东区的 1~5 年级学生走出学校，体验零售、美容、手工等不同职业，参与学生达 807 人次。上述数据表明，中小学职业体验在实践场域真实发生，有其实践土壤，焕发着实践活力。职业体验在不同的时间和不同的空间场域以不同的形式存在，足以见得职业体验具有强烈的实践生命力，从这个意义上说，中小学职业体验是一种实践产物。

（二）一种政策设计的职业体验

2019 年，国家出台的关于义务教育、普通高中教育、职业教育的三份重要文件都涉及“职业体验”。《中共中央 国务院关于深化教育教学改革全面提高义务教育质量的意见》提出要充分发挥劳动综合育人功能……加强学生生活实践、劳动技术和职业体验教育；《国务院办公厅关于新时代推进普通高中育人方式改革的指导意见》（国办发〔2019〕29 号）要求普通高中学校要明确指导机构，……通过学科教学渗透、开设指导课程、举办专题讲座、开展职业体验等对学生进行指导；《国务院关于印发国家职业教育改革实施方案的通知》（国发〔2019〕4 号）提出要鼓励中等职业学校联合中小学开展劳动和职业启蒙教育。2019 年，教育部年度工作要点提出鼓励职业院校联合中小学开展劳动和职业体验教育，将学生参加劳动实践内容纳入中小学相关课程和学生综合素质评价。

省级层面也有相关政策。2019 年 3 月 25 日，江苏省教育厅发布《江苏省教育厅关于加强中小学生职业体验教育的指导意见》（苏教职〔2019〕6 号），随文印发《江苏省中小学生职业体验中心建设参考目录》和《江苏省中小学生职业体验中心建设标准》。文件对“中小学生职业体验教育”的实施原则、主要任务和保障机制提出了指导意见。为全面推进江苏省中小学生职业体验教育，2019 年 11 月 5 日江苏省教育厅发布《苏江省教育厅办公室关于开展2019年省级中小学生职业体验中心认定工作的通知》(苏教办职函〔2019〕17号)。上海市教育委员会关于印发《2019年上海市职业教育工作要点》的通知(沪教委职〔2019〕1号)指出，要推动职普深度融通。组织开展2019年学生职业体验日活动。鼓励校企联合开展暑期职业体验微夏令营。进一步开发职业体验课程与资源。探索建立初中学生综合素质评价职业体验模块工作机制。仅2019年，职业体验在国家级、省级文件中多次出现，江苏省教育厅还出台了中小学生职业体验教育的专项文件，由此体现出中小学职业体验的重要性和必要性。中小学职业体验的相关政策为职业体验的实施提供了依据和空间。

(三) 一种理论假设的职业体验

从人的全面发展看，职业体验是中小学职业体验的重要内容。职业体验是面向所有学生的教育，是强调动脑与动手、实践和体验的素质教育。习近平总书记在学校思想政治理论课教师座谈会上强调，要扎根中国大地办教育，同生产劳动和社会实践相结合。职业体验兼具劳动与实践特质。职业院校要培养促进社会生产、服务社会发展的技术技能型人才，这就决定了职业院校必须从产业需求出发，与社会现实结合，体现生产性劳动、生活性劳动和社会服务性劳动的实践特征。在职业院校开展职业体验，能够有机融合劳动资源和教育资源，带领中小学生走进劳动现场，深入实训中心或观摩企业生产，在生产性劳动、生活性劳动和社会服务性劳动体验中接触劳动实践，了解劳动知识，感悟劳动精神。

从人的终身发展看，职业体验是中小学生生涯规划教育的重要途径。职业体验对中小学生生涯规划意识的形成和生涯规划能力的培养发挥着体验作用。职业体验具有使孩子们体验社会职业、提早培养社会适应性的全新教育功能。在职业院校面向中小学生开展以职业教育内容为载体的生涯规划教育，通过角色体验、职业探索等教育途径让中小学生在职业实践中体验职业、了解自我、认识世界，引导学生提升自我认知能力、自主探究能力、生涯规划能力。

从人的个性发展看，职业体验是中小学综合实践活动课程的重要方式。2017年9月，教育部印发的《中小学综合实践活动课程指导纲要》的通知(教材〔2017〕4号)指出，初中阶段价值体认的具体目标是通过职业体验活动，发展兴趣专长，形成积极的劳动观念和态度，具有初步的生涯规划意识和能力。职业院校能让学生面向完整的生活世界，将学生的学习世界与社会世界、生活世界建立关联，帮助学生建立起学习与生活、学习与职业的有机联系。

中小学职业体验以实践、政策、理论方式存在，为人们认识和推进中小学职业体验教育提供了多元、复杂、丰富的视角、框架和路径。作为一种事实性存在的中小学职业体验实践，在政策引导和政策取向下，需彰显其具有理论意义的存在价值。

# 第三章　职业体验教育的价值辨析

2021 年 7 月，中共中央办公厅、国务院办公厅印发《关于进一步减轻义务教育阶段学生作业负担和校外培训负担的意见》（简称“双减”），引发社会的广泛关注。“双减”是教育领域的一件大事，需要整合全社会资源助力“双减”工程。职业院校是社会资源的重要组成部分，“双减”政策落地后，职业院校可通过对义务教育阶段学生开展职业体验教育，为学生课后服务，将学生多余的时间充分利用起来①。新修订的《中华人民共和国职业教育法》鼓励普通中小学校根据实际需要开展职业体验，职业院校可提供条件和支持。融合普通教育与职业教育开展职业体验教育，既是中小学“所需”，也是职业院校“能为”，还能将“双减”政策落到实处。

## 第一节　职业体验教育助力“双减”政策的战略意义

### 一、充当有效载体，提升课后服务质量，助力政策落实

“双减”政策坚持以学生为本，遵循教育规律和学生身心发展规律，旨在让教育回归育人初心，回归学校教育这个主阵地。通过全面提高学校教育质量，切实减轻学生负担。“双减”政策实施以来，关于课后校内托管和寒暑假校内外托管服务探索与完善的工作一直在持续进行，教育生态体系不断向好的趋势明显。随着改革不断走向纵深，囿于中小学师资和场所不足等原因，课后和寒暑假托管活动内容较为单调，服务质量不高的现实矛盾也逐渐显现。

---

① 沈会超. 论“双减”背景下职业教育发展新趋势［J］. 辽宁高职学报，2022（2）：4-7.

开展职业体验教育是普通教育与职业教育的重要链接点，是落实《中小学综合实践活动课程指导纲要》《中共中央 国务院关于全面加强新时代大中小学劳动教育的意见》《中华人民共和国职业教育法》等系列文件的重要举措。以职业体验教育为载体，高效利用“双减”政策后学生多余的课后时间，规范学校课外活动的开展，提升学校课后服务的质量，对于深化“五育”并举，加快职普融通教育格局的形成具有积极促进意义。具体来说，一是可开展职业认知教育，依托职业院校及相关企业职业资源，秉持区域统筹原则，面向就近区域中小学开放校园课后参观、研学，在职普互动的过程中，让中小学生增强对各类岗位的认知，掌握基本的岗位知识，初步培育学生职业兴趣、职业素养，启发学生创新创业意识。二是可通过开展职业体验和实践指导，让学生在情景中体验不同职业角色，进行相关劳动实践，了解相关知识和技能，感受职业精神，形成习惯和品质，进而有针对地培育其相关职业喜好和素养，为以后开展职业生涯奠定基础。三是通过开展职业规划教育，分层次、分学段为学生提供职业规划教育。面向小学生，主要侧重在规划引导的认知层面，介绍社会分工及不同职业的岗位特点，形成初步了解。为推进义务教育后职普协调发展，面向即将毕业要做出职普学校选择的初中生，更多围绕个体兴趣倾向、智能优势进行初步的生涯指导教育，让学生根据自身实际情况，选择适合自己的教育类型，长大以后从事适合自己的岗位，在学业和职业上都做出适合的选择，拥有人生出彩的机会①。

## 二、缓解教育焦虑，助推资源均衡分配，促进社会公平

近年来，人们生活水平的提升与优质教育资源供给不足的矛盾逐渐凸显，人们对于职普分流充满担忧，担忧孩子滑入除普通教育的其他赛道，校内不断减负的同时，家长不断通过校外寻求教育培训资源，以保证孩子的竞争优势。由此，催生了大批校外培训机构，扰乱了正常的教育秩序，加重了教育内卷，提高了家庭教育投入成本，造成教育焦虑，违背了素质教育的初衷。良好的基础教育生态应是兼顾教育性和公平性的可持续发展的教育生态，不能让资本将教育资源的获得变成一种“专利”，撼动教育公平促进社会公平的基石。“双减”政策的出台旨在全力扭转以上教育乱

① 本刊评论员.“双减”之下，职业教育当有更大作为[J]. 湖南教育（C版），2021（8）：1.

象，让教育回归育人本真。在此背景下，职业教育要成为缓解教育焦虑、更新社会观念、促进教育公平的重要引领者，以职业体验教育的形式成为学生课外活动的主要参与者，将职业教育因素引入中小学的教育互动中，通过系列互动创设，营造职业教育生态，提升职业教育认同感。

基于社会互动理论分析，家长对于职业教育的刻板印象及分流的焦虑主要来源于对职业教育的认知较少，缺乏与职业教育的互动。职业体验教育在互动过程中塑造学生基本职业价值观念，使其形成对未来职业发展的初步思考，其核心逻辑是将职业教育引入中小学的日常教学实践中，使得各个主体能够平等地在普通教育的环境下进行职业教育的互动，使学生转变对“符号”意义的觉知而逐步接纳职业教育①。通过在普通教育的生态中逐渐加入职业教育的角色生态，建立以职业教育为核心的参照群体，尽早让学生和家长进行角色适应，潜移默化地影响学生和家长的传统价值观念，不断强化正向影响，减少抗拒感和角色焦虑，对于引导学生从“升学主义”转向个人职业与未来发展，解决学校教育与社会实践脱节等问题具有重要意义。

另外，“双减”政策的落地使得原来学科教育领域的资源将寻找新的投入领域，资本的重新洗牌及规范分配，对于加快职业教育多元治理格局的形成发展具有积极意义。职业教育的大力发展又可继续赋能优质课后服务的供给，弥补普通教育理论知识资源较为丰富但相关职业实践活动资源建设不足等问题。职业教育可与中小学要素互补协同，实现资源共享、效能集聚。如依托丰富的活动资源、实训资源、基地资源及课程资源，为中小学开展职业体验教育提供资源协助支撑，既让社会资源充分涌动，也提升了社会资源的分配效率。

## 三、尊重教育规律，回归教育本质，促进人的全面发展

教育是培养丰富个性的人，使其全方位发展、能适应社会的变化，拥有充实幸福生活的能力，找到适合自己发展之路的实践活动。实施“双减”政策是对教育本质属性的回归，是对人全面发展规律、身心和谐发展、知行合一等规律的坚持。职业体验教育是对学生构建自我认识和职业认知，唤醒其职业意识和职业情感、态度的重要途径，突出强调个人主体

---

① 高瑜，杨北冬，万朝丽. 职业启蒙教育服务“双减”的价值分析、实践路径与保障机制[J]. 当代职业教育，2022（4）：41-47.

性，关注个人与社会的关系，切合当今时代关于人的全面发展的要求。两者具有重合的路径依赖、相同的规律遵循、互补的要素需求、一致的育人初心，可依托职业体验教育助力“双减”政策落地，促进人的全面发展。

职业体验教育促进人的全面发展的意义，具体体现在以下三方面：一是职业体验教育有利于促进学生身心协调发展，手脑并用，知行合一。职业体验教育包含大量的职业体验项目，集合了综合实践活动、劳动与技术课程，职业体验的过程也是劳动的过程，对于学生劳动能力的培养起到促进作用。二是职业体验教育有利于学生健全人格品质的形成，职业体验教育的过程不仅是职业知识和技能的学习过程，更是学生劳动观念、职业观念、素养及精神等一系列价值观形成的过程。通过专业教师的引领和场景的体验，让学生认识到技能立业；通过企业文化和行业标准的浸润，让学生去领会职业人的规则意识、质量意识、合作意识，以及踏实的工作态度、吃苦耐劳的品质。三是职业体验教育有利于认知提升和思维塑造，有助于学生心理的培养和发展，让学生了解社会所需要的能力和素养，对职业背后的行业发展、国家发展有初步的感知，找到自己和当代职业的“结合点”，在探索过程中发现和培养职业兴趣，达到潜移默化的教育目的，对于职业祛魅及个体社会化起到一定的助推作用，使其以更加成熟的心态面对成长困惑与未来职业选择①。

## 第二节　职业体验教育服务职业教育发展的实践意义

价值是客体所具有的属性对主体的意义。如上所述，职业性、体验性、教育性构成了中小学职业体验的主要特征。作为客体的职业体验，对应学生、学校、职业教育三重主体，发挥着育人价值、职业院校价值和职业教育价值。

### 一、中小学职业体验促进人的全面发展

育人价值方面，已有研究从“人与自我、人与社会、人与职业”三对关系展开。人与自我是指职业体验有利于发现自我、认识自我。在参与和

---

① 高瑜，杨北冬，万朝丽. 职业启蒙教育服务“双减”的价值分析、实践路径与保障机制［J］. 当代职业教育，2022（4）：41-47.

体验不同职业角色的活动中，通过认知职业、体验职业、感悟职业，让学生能够进一步认识自我、评估自我。人与社会是指职业体验能促进人的社会化发展。学生职业生涯教育就是通过帮助学生认识社会职业，让学生探索社会与自我的关系，培养学生的社会人意识，让学生理解个人与社会之间的联系。只有让学生走进社会工作世界，切身体验工作世界，获得直观的感受，才能更好地帮助其形成对工作世界的认知。人与职业是指职业体验能让人获得职业认知。开展多种实践活动，可以丰富学生的职业体验，了解更多的职业知识，是探索自己是否适合某个职业的最好途径。针对学生对职业生涯规划不清的问题，可提前体验到职场工作的场景，真实地感受时间观念、纪律观念、操作熟练程度和工作中遇到困难如何解决等，学生在职业场馆中真实地体验到了未来可能接触的职业，既挖掘了学生的职业能力，也使学生对职业和就业有了初步的了解①。

中小学德育是素质教育的重要组成部分，对中小学生健康成长起着导向作用。教育部关于印发《中小学德育工作指南》的通知（教基〔2017〕8 号）明确了课程育人、文化育人、活动育人、实践育人、管理育人、协同育人的实施要求②，指出实践育人要利用爱国主义教育基地、公益性文化设施、公共机构、企事业单位、各类校外活动场所、专题教育社会实践基地等资源，开展不同主题的实践活动。国务院副总理孙春兰在全国基础教育工作会议上提出要深化教育教学改革，提高课堂教学质量，拓宽实践育人渠道。以育人为本兼具实践属性的职业院校，能否成为中小学的校外实践场所，能否为中小学生提供各类校外主题实践，能否成为中小学拓宽实践育人的新渠道。以上问题值得我们思考。

从人的全面发展看，职业院校对中小学职业体验具有劳动与实践优势。职业体验是面向所有学生的教育，是强调动脑与动手、实践与体验的素质教育。《国务院关于印发国家职业教育改革实施方案的通知》（国发〔2019〕4 号）指出，鼓励中等职业学校联合中小学开展劳动和职业启蒙教育，将动手实践内容纳入中小学相关课程和学生综合素质评价③。职业

---

① 高瑜，黄廷美. 近十年来我国中小学生职业体验研究综述［J］. 当代职业教育，2019（5）：40-46.

② 冯建军. 改革开放四十年中国德育的转型发展［J］. 南京社会科学，2018（4）：143-150.

③ 沈有禄. 职业院校联合中小学开展劳动和职业启蒙教育：天时、地利、人和［J］. 中国职业技术教育，2019（7）：112-113.

院校能够有机融合劳动资源和教育资源，带领中小学生走近劳动现场，深入实训中心或观摩企业生产，在生产劳动、日常生活劳动和服务性劳动体验中接触劳动实践，了解劳动知识，感悟劳动精神。

从人的终身发展看，职业院校为中小学职业生涯规划教育提供了实践可能。中小学阶段是人的职业生涯发展的成长和探索时期，对人的终身发展发挥基础性作用。在职业院校面向中小学生开展以职业教育内容为载体的生涯规划教育，通过角色体验、职业探索等教育途径让中小学生在职业实践中启蒙职业，了解自我，认识世界，引导学生提升自我认知能力、自主探究能力、生涯规划能力①。

从人的品格发展看，职业院校是中小学综合实践活动课程的体验场所。职业院校能将学生的学习世界与社会世界、生活世界建立关联，帮助学生建立起学习与生活、学习与职业的有机联系，使学生获得关于自我与社会的真实体验，培养学生的“社会人”意识，促进学生社会化进程。杜威认为“职业给我们一个轴心，它把大量变化多样的细节贯穿起来，使种种经验、事实和信息的细目彼此井井有条”。学生在职业院校体验职业岗位和工作过程中通过主动参与、亲身经历、实践体验获得“做中学”的实践体认，形成实践性知识，实现知识、技能和态度的共同建构。

## 二、中小学职业体验促进职业院校发展

对职业院校而言，中小学职业体验能够发挥以下三种功能：一是传播职业文化。就其存在意义，职业院校不仅能培养具有一技之长的人才，而且能在职业学习中立德树人，还能作为一种重要载体传播职业文化。二是促进学校发展。如北京市相关教育部门曾提出开发并实施中小学职业体验课程，开展特色活动，促进中职学校的转型发展，继续完善课程体系，加速与中小学课程的融合，推进“学院制”课程改革的步伐，为学区内乃至全东城区、全北京市的青少年提供丰富的体验课程。三是扩大学校影响。职业体验活动展示了学校师生扎实的专业功底和丰硕的办学成果，让初三同学感受到了学校快速发展的办学实力和校园文化建设成效②。

普通教育是实施基础科学知识和基本技能训练的教育，旨在为高一级

---

① 高瑜，王振．中小学职业体验可持续发展的路径选择［J］．职业教育研究，2019（12）：11-15.

② 魏巍．弘扬匠心文化展示职业精神［J］．职业教育（下旬刊），2016（20）：30-31.

学校培养合格新生和为社会输送劳动后备力量，包括小学、初中和普通高中三个阶段；职业教育是给予学生或在职人员从事某种生产、工作所需要的知识、技能和态度的教育，旨在培养掌握专门职业技术的人才，以适应现代化建设的需要，包括初等、中等和高等职业教育三个层次。在推进职业体验的过程中，我们发现，普通教育学校很多都欠缺劳动实践场所、专业课程及师资等资源，职业教育学校恰好拥有实施职业体验的具体实践场所、专业课程及师资①。通过职普联动，构建职业体验实践基地，可以为普通教育学校推进职业体验搭建实践平台，也可以更好地发挥职业教育的资源优势，挖掘职业教育学校的潜力，实现普通教育和职业教育在职业体验推进过程中的双赢。

职业体验是落实中小学劳动教育的重要途径。2020 年 3 月，《中共中央 国务院关于全面加强新时代大中小学劳动教育的意见》（以下简称《意见》）明确提出，劳动教育是中国特色社会主义教育制度的重要内容，从教育制度创新的高度肯定了劳动教育的地位。同时指出，劳动教育是国民教育体系的重要内容，综合育人价值，可达到以劳树德、以劳增智、以劳强体、以劳育美的目的。对于职业体验的内容，《意见》明确指出初中要注重围绕增加劳动知识、技能，使学生初步养成职业意识；普通高中要注重围绕丰富职业体验，开展服务性劳动、参加生产劳动。可见，要在中小学落实劳动教育，职业体验是非常重要的一条途径。通过职业体验，学生可以现场感受劳动者的艰辛，增强对劳动人民的情感，增加自己的劳动知识和技能，懂得珍惜劳动成果，形成正确的劳动价值观和培养良好的劳动品质。

职业体验是加强学生发展指导的主要渠道。2019 年 6 月，《国务院办公厅关于新时代推进普通高中育人方式改革的指导意见》（国办发〔2019〕29 号）强调，要加强学生发展指导，加强对学生理想、心理、学习、生活、生涯规划等方面指导，帮助学生树立正确理想信念、正确认识自我。各地普通高中要明确指导机构，组建专兼结合的指导教师队伍，通过学科教学渗透、开设指导课程、举办专题讲座、开展职业体验等对学生进行指导。在小学阶段要通过现场参观或专题讲座、与行业专家对话等职业体验活动，提升学生自我认识与社交能力；初中阶段应通过以职业探索为中心

---

① 肖慧，刘强，吴柯江．普职联动构建中小学劳动教育实践基地的研究［J］．教育科学论坛，2021（15）：70-73.

的创意体验活动，提升学生对职业与工作岗位的理解能力；高中阶段更要通过进入普通高校的相关专业近距离开展职业体验或到企业行业现场实习等方式，提高学生的生涯规划与准备能力①。

职业教育开展职普融通的职业体验，是宣传职校服务社会的大职教理念，全面提升职业教育在社会中的影响力的重要途径。2018 年 4 月，教育部印发《中等职业学校职业指导工作规定》指出，实践活动是职业指导的重要载体。中等职业学校可通过开展实训实习以及组织学生参加校内外拓展活动、企业现场参观培训、观摩人才招聘会等活动，强化学生的职业体验，提升职业素养。2020 年 9 月，教育部等九部门关于印发《职业教育提质培优行动计划（2020—2023 年）》的通知（教职〔2020〕7 号），常态化开展职业学校校园开放、企业开放日、面向中小学生的职业体验、面向社会的便民服务、职教成果展示等宣传展示及服务活动，提升职业教育的影响力和美誉度。

## 三、中小学职业体验促进职业教育发展

从教育类型看，中小学职业体验有助于提高职业教育的吸引力。职业体验中心弥合了传统教育学生学习与职业世界的断裂状态，职业教育资源能满足不同兴趣爱好的同学体验需求，不同学校的职业体验活动能让中小学生感受到专业的丰富性和职业教育的多样性，学生不仅体验了很多职业技术，而且发现了职业兴趣，树立了职业理想，也在一定程度上提高了职业教育的吸引力，扩大了职业教育的影响力。

职业体验活动是学生与社会之间最好的衔接，培养新时代合格的社会主义接班人和高素质的建设者要求我们必须高度重视体验式学习，让学生在此过程中逐步感知职业、探索职业，最终达到职业设计的目的。职业体验是中小学综合实践活动四大方式之一。2017 年 9 月，教育部印发《中小学综合实践活动课程指导纲要》（教材〔2017〕4 号），明确规定综合实践活动是国家义务教育和普通高中课程方案规定的必修课程，自小学一年级至高中三年级全面实施；确定综合实践活动课程目标主要导向为培养学生综合素质，着力发展学生核心素养，特别是社会责任感、创新精神和实践能力。其主要的活动方式包括考察探究、社会服务、设计制作和职业体验

---

① 高瑜，黄廷美. 近十年来我国中小学生职业体验研究综述［J］. 当代职业教育，2019（5）：40-46.

4 个大类。职业生涯是在 2001 年《基础教育课程改革纲要（试行）》（教基〔2001〕17 号）规定的综合实践活动课程内容基础上新增的，之前的主要内容包括信息技术教育、研究性学习、社区服务与社会实践以及劳动与技术教育。可见，新时代对职业体验的重视是当今社会发展的必然需要①。

《中共中央 国务院关于全面加强新时代大中小学劳动教育的意见》提出，拓展职业体验实践场所，要建立以县为主、政府统筹规划配置中小学（含中等职业学校）劳动教育资源的机制。《国务院关于印发国家职业教育改革实施方案的通知》（国发〔2019〕4 号）中指出，鼓励中等职业学校联动中小学开展劳动和职业启蒙教育，将动手实践内容纳入中小学相关课程和学生综合素质评价。因此，职普联动，充分挖掘职业院校实习实训基地资源，为中小学开展职业体验提供实践场地是切实可行的。

1. 搭建实践平台，提高学生能力

职普联动构建职业体验实践基地，具体来讲就是通过将职业教育学校的实践场地资源共享，为普通教育学校学生提供职业体验实践平台。因职业教育学校在开展劳动和职业启蒙教育上具有得天独厚的优势，专业实训基地就可以作为开展职业体验的实践场所，专业课程设置和技能人才培养的全过程为加强中小学生的职业认知、职业情感、职业体验、职业选择及职业养成提供了一个真实场景。利用职业教育学校资源构建职业体验实践基地，有利于提高全体学生实践能力和创新能力，帮助学生树立正确的劳动价值观②。

2. 整合教育资源，助力健康成长

面对教育经费相对紧张、教学资源相对短缺等问题，同时也为避免教育资源的重复投入，职业教育学校内的专业实训场所、专业教师及专业课程可以被充分利用，通过区域力量整合，使之与普通教育学校中的职业体验课程相结合，可以更好地落实职业体验、职业体验教育、生涯规划教育等，助力学生德智体美劳全面发展③。

---

① 高瑜，黄廷美. 近十年来我国中小学生职业体验研究综述［J］. 当代职业教育，2019（5）：40-46.

② 沈有禄. 职业院校联合中小学开展劳动和职业启蒙教育：天时、地利、人和［J］. 中国职业技术教育，2019（7）：112-113.

③ 沈有禄. 应当鼓励中等职业院校联合中小学开展劳动和职业启蒙教育［J］. 云南教育（视界时政版），2019（11）：1.

3. 发掘职教潜力，实现互利共赢

职普联动共建职业体验实践基地，可以更好地发掘职业教育实训基地资源的潜力，让职业教育学校教师为普通教育学校学生上课，也可以更好地发掘教师的潜力，激发课堂教学活力，展现职业教育在推进职业体验过程中的独特作用和价值。同时，职普联动还可以满足普通教育和职业教育实现多元化学习的需求，能提高学生综合素质，促进学生多元发展，实现普通教育和职业教育的互利共赢和共同发展。

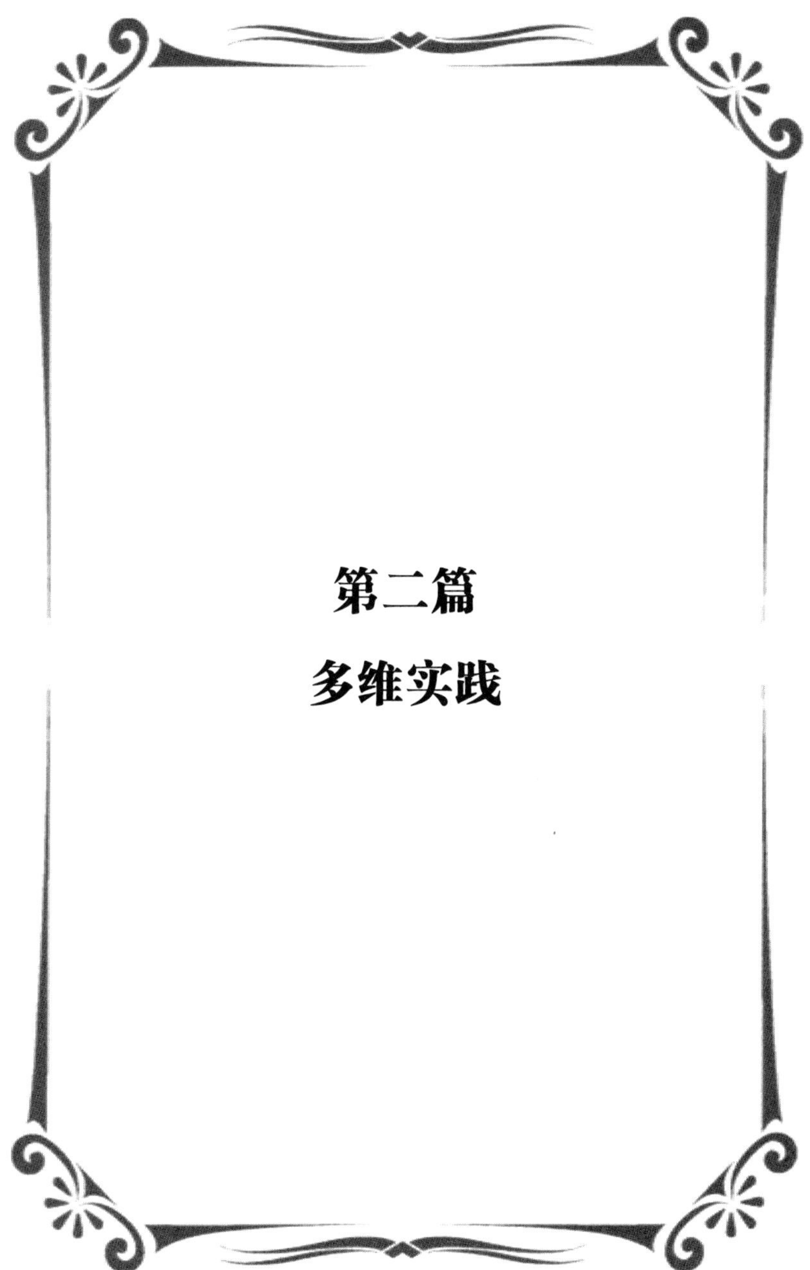

# 第二篇

# 多维实践

# 第四章　职业体验基地建设

基地建设是开展职业体验教育的关键所在，学生通过实践体验，提升了对职业的认知。实践体验是培养学生创造能力、分析和解决问题能力、全面提高学生素质的重要环节。实践基地是职业体验教育中小学生真实接触职业技能的重要场所。

## 第一节　职业体验基地的功能发挥

基地建设是开展职业体验的前提，重点解决“在哪儿体验”这一问题。《四川省职业教育改革实施方案》提出，“发挥职业院校优势，联合普通中小学开展职业启蒙、职业认知、职业体验教育，分学段、针对性开展劳动教育，依托职业院校实训基地建设一批中小学生职业体验中心或研学基地，推进职业院校资源面向基础教育阶段学校全面开放”。职业院校的实训基地资源作为中小学生职业体验场所具有先天优势。

中小学职业体验的场所资源，是指能够供中小学生亲身参与体验和实践操作，与学生生活实际较为贴近或具有关联的职业工作场地，或具备开展职业实践操作条件的体验场地。加强场馆建设，是实施高质量、服务“双减”政策的物质基础；加强职业院校场馆建设，是发挥职业教育服务“双减”政策的重要举措。既可以在中小学校、职业院校、企业、社区、主题场馆等多类型场所开展，也可以发挥职业院校专业优势，依托校内专业实训基地、虚拟仿真车间、技能大师工作室等条件建立职业体验场所。职业院校可以凭借产教融合、校企合作等途径，与合作紧密、具有高新技术的企事业单位联动，为中小学生提供融入社会生活、感受科技前沿的职业体验实践场域。中小学生进入企业既可以观摩大国工匠技艺，又能参与完成职业生活完整的体验。例如，浙江省宁波市建立了全国首家综合性的学生职业体验拓展中心。成都市积极延伸了职业院校办学空间，在职业院校建设小型产业博览馆、工业文化展览馆和技艺体验馆，在绿道绿地、社区街区等多元空间植入技能培训场景，探索打造人城境业融合的“技能公园”。

职业院校应立足专业特色和优势与中小学校共建职业体验培训基地，将职业体验基地打造成集教育、教研、实践为一体的平台。例如，上海市商贸旅游学校自2014年4月，依托上海现代商贸开放实训中心，以“营销节”文化集市形式开展职业体验活动，设立了上海市首个区级层面的“黄浦区中小学生职业体验学习中心”。上海市泾南中学自2015年起与上海市医药学校在师资共享、职业体验专场等开展交流与合作，未来将持续深化到师资交流、课程设置、研究性课程、志愿者服务领域。上海市进才中学北校与上海市医药学校在课程资源共享、人力资源互鉴等方面拓宽了时空条件。

## 第二节　职业体验基地的功能布局

职普联动构建实践基地，是基于职业院校现有的硬件和软件资源，联动普通教育共同设置实践基地。职业院校需从区域层面联合搭建平台，依托原有实践基础，梳理中小学校劳动教育职业体验实践可用的基地资源清单。清单主要涵盖针对中小学校学生开放的实践基地、基地中适合中小学校的实践项目或部分器械资源、实践基地每次课可接纳的学生人数等。联动设置实践基地的过程中，中小学校要结合本校职业体验的主要目标、活动主题、接待人数、操作流程等，以学校、年级或班级为单位，结合职业院校的职业体验实践基地资源清单，合理制定中小学参与实践基地活动的实施方案。场所资源应具备符合中小学生的生活实际、年龄特点和学习需求的条件，主要依托职业院校现有的实训基地及对外开放的社会事业单位，如可口可乐公司、宝岛眼镜等社会企业。最后，中小学校联动职业院校进一步完善和改进实践基地的设置方案。

本节以成都市为例，阐述职业体验基地的功能布局。根据市域职业院校分布情况，成都市将所辖23个区（市）县划分为东、南、西、北、中五个体验片区，通过整合中高职学校现有的实训场所，建立职业体验基地。各职业院校逐步加强中小学生职业体验基地建设，并面向全市中小学校开放。具体分布见图 4-1。

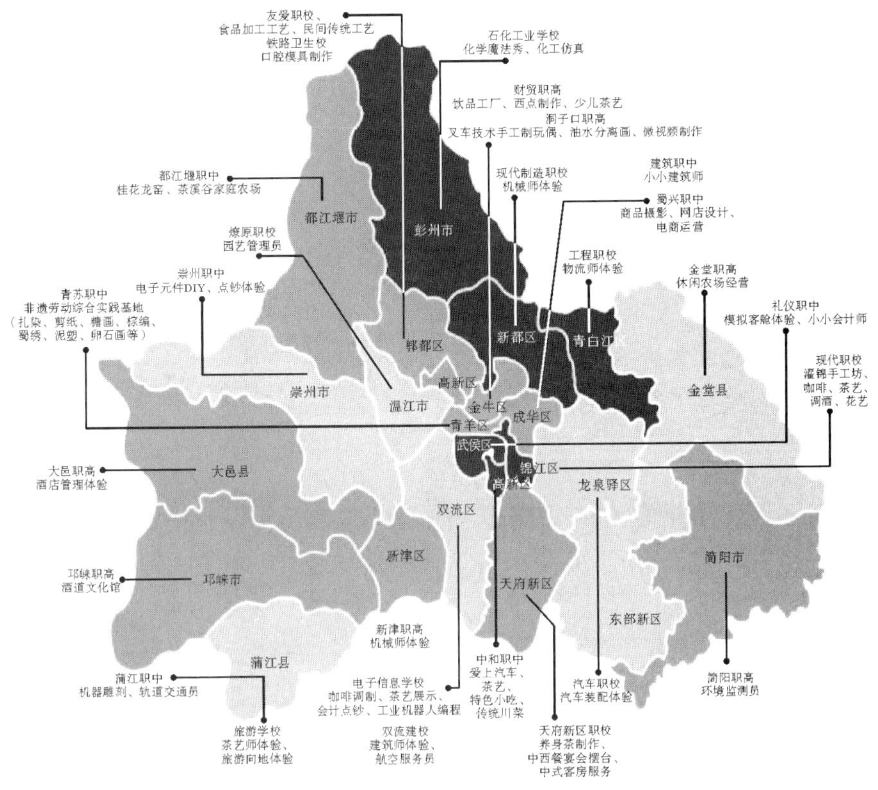


图 4-1 成都市中小学生职业体验基地分布

通过整合现有的 27 个职业院校资源，依托职业院校现有的实训基地，共建立了 48 个职业体验基地，统筹全市普通中小学和职业院校师资，共同开发区域职业体验特色课程群，服务于全市普通中小学生。各职业院校积极探索建设中小学生职业体验中心或研学基地，推进职业院校资源面向中小学校开放。如成都市青苏职业中专学校建成了“非遗劳动综合实践基地”，依托扎染、剪纸、糖画、蛋雕、棕编、蜀绣、茶艺、泥塑、卵石画等 20 余项非遗项目，以及西点烘焙、西餐烹饪、咖啡调制、一汽大众“车拉夫”、电脑手绘和茶艺 6 个职业体验项目，满足了全市中小学生参与职业体验的学习需求。又如，成都市现代职业技术学校作为成都市首批劳动教育试点学校，充分运用学校非遗研学基地——濯锦手工坊、四个实训室（咖啡、茶艺、调酒、花艺）等各种实训基地，面向全区部分中小学生开展了沉浸式的职业初体验。此外，成都蒲江县职业中专学校打造具有蒲江特色的工业文化研学实践基地，针对幼儿园及中小学生的特点开发研学实践课程和劳动教育课程41门，打造了库卡机器人体验中心、电工电子制作中心、钳工加工体验中心、数字化制造中心、工业控制编制体验中心5个职业体验场景。

## 第三节　职业体验基地的功能运用

### 一、区域实践

（一）龙泉驿区：依托区域优势，构建职业体验基地

1. 资源整合，多线条齐头并进

龙泉驿区充分发挥专家引领作用，指导成都汽车职业技术学校的职业体验教育实践模式探索、课题研究、体验活动过程评价等。区域层面，目前已研发"新能源汽车""计算机""学前教育""旅游服务与管理""职业认知""汽车维修""智能制造"等职业体验视频特色课程；积极引导中小学生亲自到体验基地实践操作，现已有5万余名学生到基地参访或体验，学生反馈体验非常有趣，也学习到一些基本技能；着力开拓企业实践基地，为践行"感知体验—模拟体验—实践体验"的职业体验教育模式，学校与哈工大机器人成都有限公司、沃尔沃汽车体验中心等企业共同开设职业体验实践项目，通过组织学生到企业进行参访和岗位体验，在进行劳动体验的同时，巩固和加深职业认知，力图通过"感知、模拟、实践"三个维度的渐进式体验，实现学生对职业认知零的突破、质的变化。

2. 校校合作，多渠道开放资源

为充分发挥职业体验教育对各年龄段学生的影响，避免职业院校唱"独角戏"，龙泉驿区积极搭建职业院校与中小学的交流平台，区教育局牵头组建中职学校与义务教育阶段教师联合团队、中职学校与企业联合团队、中职学校与校外专家联合团队；职业院校与中小学就职业体验教育开展前期交流，达成共建职业体验研学基地意向，学生定期到汽车职校开展职业体验教育活动，同时汽车职校职业体验课程已进入中小学校第二课堂。

### 3. 资金保障，多部门协同支持

为推进职业体验教育实践的人力和物力流转，区教育局积极协调区级各部门争取多方支持。设立职业体验专项资金，支持学校实施职业体验项目，用于课程开发、设备采购及资源建设等。多部门协同合作，为推进职业体验教育试点实践提供了保障。

## （二）锦江区：聚焦学生发展，构建职业体验基地

### 1. 立足专业，双驱联动，培养学生工匠精神

中职学校立足各专业，精准定位，将职业体验教育与学习教育相结合，形成序列化职业体验教育。一是开展职业养成教育，通过新生入学教育、行业宣讲等形式让学生深度认知专业，初步形成职业意识。成都华大医药卫生学校在每年护士节定期举行盛大的“传灯授帽”仪式，旨在加强学生职业意识，引导学生不忘医护工作者的使命初心、不断前行。二是提升学生专业技能，通过日常教育教学活动精耕细作，组织学生参加职业技能大赛等，加深学生对职业内涵的理解，熟练掌握职业技能。成都市现代职业技术学校每年定期举办各专业技能大赛，以赛促培，促进高年级同学不断提高专业技能，2019 年学校依托美容美发集团，承办了法国巴黎第 40 届OMC 世界美发组织发型、化妆、美甲世界杯大赛中国参赛队的启动、选拔、集训工作，让现代学子感受到美发业翘楚的敬业精神，在学生心中埋下了成为大国工匠的种子。三是培养学生职业道德，在实习实训活动中，校企联动，对标行业准则，不仅夯实了专业技能，还加强了学生对职业操守的意识，指导学生做好职业生涯规划，完成从学生到职业人的角色转变。

### 2. 共享资源，开放体验，助力职业意识萌芽

除了做好本校学生职业体验教育之外，各中职学校发挥职业院校相关专业优势，主动担当，成为各中小学职业体验教育资源的主要供给方。近年来共抽派 200 余名教师深入多所中小学，送课入校，以选修课的形式让中小学生对职业教育有较为清晰的认识，掌握一些初步的职业技能；中职学校还利用学校各种实训、研学基地，以开放体验等形式，做实多种职业体验教育活动。成都市华大医药卫生学校利用校内教育特色项目基地——“生命科学馆”，做好中小学生的科普教育工作，增加学生接触医学知识的机会，有效助力了中小学生的职业意识萌芽。

### （三）金牛区：职普融合，全面整合构建区域实践基地

1. 统筹构建，打造职业体验中心

财贸职高以弘扬四川美食文化为宗旨，以四川美食文化历史、器皿器具、特色美食等文化介绍及美食制作体验为形式，实现教育与旅游、美食与休闲、小校园与大社会的有机结合，是一处集文化体验、美食制作、教育培训为一体的“川菜文化体验中心”，现已经成为街区（社区）一景，充分凸显了职业院校的职业性和教育性。体验中心建成后已接待国内外宾客、社区居民、区域内中小学生 2 000 余人次。中心积极配合国家共建“一带一路”倡议，以川菜、川茶、珠算等具有中国特色、四川味道的文化符号为载体，承办技能大赛、厨艺交流、美食展示制作等外事交流活动，参加“PANDA 成都”等文化活动，走遍 20 多个国家，讲述中国故事，传承“大国工匠”精神，推动文化交流互鉴。

2. 加大宣传，扩大职业教育影响

自 2016 年以来，成都市洞子口职业高级中学组织了成都市蜀西实验学校、成都市金牛中学校、成都市锦西中学校、成都铁中府河学校、成都市第三十六中学校、成都市第三十三中学校、成都市人北中学校、成都市二十中、花照中学校 9 所学校共计 7 000 余名学生参加了叉车技术、物流仓储综合实训、3D 建筑建模、建筑手绘表现技法、建筑测量、高端数控加工、数控机器人、3D 打印、手工制玩偶、油水分离画、视频制作、图片拍摄与处理、网页设计等 16 个职业项目的体验活动累计 30 余次。每年组织师生千余人次深入初中学校、社区开展技能展示、教育成果展示、志愿服务、职业教育政策宣讲等活动。

## 二、学校实践

### （一）成都工业职业技术学院

成都工业职业技术学院工业博览馆位于学院天府校区图文信息大厦，2018 年正式对外开放。博览馆共设五大展区，面积达 1 500 平方米，包含 270 余件设备和展品，汇集图像、文字、模型、互动设备等元素，配合声、光、电的效果，集中展示了人类工业文明发展历程、中国产业发展成就和天府特色工业文化成果，同时也成为全市职业体验教育一个重要的基地。

1. 世界工业发展简史展区

该区域以四次工业革命历史进程为主线，展示了 18 世纪 60 年代以来

世界工业发展的总体情况，真实再现了蒸汽技术革命、电力技术革命、信息技术革命和当前以人工智能为代表的新技术革命的发展历程、主要标志和重大影响（见图 4-2）。

图 4-2　世界工业发展简史展区

2. 轨道交通特色专业展区

该区域展示了世界铁路建设发展、中国铁路发展、城市轨道交通发展历程。陈列有蒸汽机、高铁、城市轨道交通机车车辆仿真模型，配置了 AR 高铁转向架、西南铁路互动学习系统、VR 高铁模拟驾驶系统、成都地铁电子沙盘、轨道交通知识抢答系统等丰富的互动体验设施设备，展现了轨道交通产业发展情况（见图 4-3）。

图 4-3　轨道交通特色专业展区

3. 装备制造特色专业展区

该区域以西南工业百年发展历程为主线，展示了洋务运动时期工业起步探索、抗战时期为正面战场夺取最终胜利、新中国成立三线建设的艰辛与辉煌、成都工业 2025 产业布局开启新篇的装备制造产业发展。陈列有我国自主研发的各类歼击机、运载火箭、盾构机、核电厂、风力发电机等体现国家制造尖端装备的模型，特别展陈列了智能化自动装配生产线、小型 3D 打印机、透明触控一体机等互动体验设备，让参观者亲身体验工业科技的先进与智能（见图 4-4）。

图 4-4　装备制造特色专业展区

4. 汽车工程特色专业展区

该区域展示了世界汽车工业和新中国汽车工业的发展历程，不同时代的汽车科技和汽车文化。陈列有各类汽车模型、学生汽车涂装作品、巴哈赛车整车、裸眼 3D 仿真设计、汽车工业发展互动触控、汽车设计互动设备、混合动力虚拟仿真发动机、模拟驾驶设备等，为参观者提供了丰富的具有知识性、参与性、娱乐性的科普体验项目，充分展现了汽车科技的魅力和乐趣（见图 4-5）。

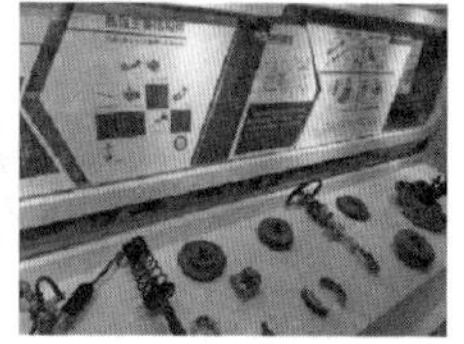

图 4-5　汽车工程特色专业展区

5. 物流工程特色专业展区

该展区引入云计算、物联网、大数据、虚拟仿真、人工智能等创新物流技术，以“智慧物流”为主题，设置了现代物流的系统规划、供应链运营、物流 VR/AR、物流大数据等学习体验项目（见图 4-6）。

图 4-6　物流工程特色专业展区

在职业体验教育过程中，学生可化身探险家，穿越时空，沉浸式感受工业文明历程，重拾城市发展的记忆，见证时代工业的辉煌，触摸工业劳动背后的故事。通过各类实物教具、仿真模型、视频展播等形式，了解学科前沿成果和工业发展前景；通过 AR 高铁转向架、VR 高铁模拟驾驶、3D 打印、自动装配生产线、裸眼 3D 汽车仿真生产、汽车设计互动体验等趣味人机互动设备，零距离感受工业文化的魅力，体验汽车生产各岗位的工作（见图 4-7）。

**图 4-7　感受工业文明历程**

工业博览馆经常上新，在成都地铁开通运营十周年、建党百年等时间节点上分别开展专题展览“我与地铁共成长——成都地铁开通运营十周年成都工业职业技术学院展”（见图 4-8）、“建党百年——中国共产党人的精神谱系”（见图 4-9）等专题展览。

**图 4-8　我与地铁共成长——成都地铁开通运营十周年成都工业职业技术学院展**

**图 4-9　“建党百年——中国共产党人的精神谱系”专题展览**

2021年新增设汽车模拟驾驶、“玉兔号”月球车、“嫦娥4号”探测器、“中国空间站”等展教设备，加强对科学家精神、新时代北斗精神、探月精神、载人航天精神的展示，充分挖掘爱国主义教育的精神内涵。结合新生入学教育、“建党百年·工业报国”主题沙龙、入党积极分子志愿服务和“工匠文化节”等活动，大力开展爱国主义教育和思想政治教育（见图4-10、图4-11、图4-12、图4-13）。

图4-10 “玉兔号”月球车模型

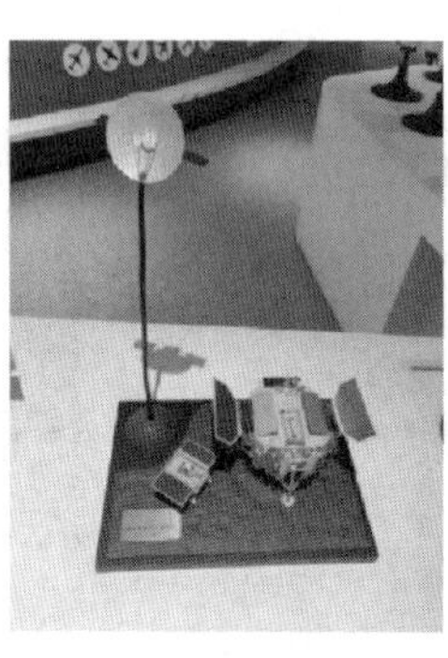

图4-11 “嫦娥四号”探测器模型

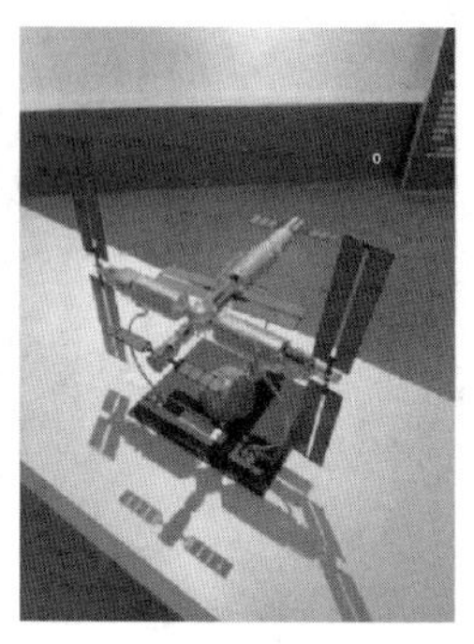

图4-12 “中国空间站”模型

图4-13 开展爱国主义教育和思想政治教育

工业博览馆免费面向社会公众开放，接待了天府新区正兴实验幼儿园、泡桐树小学、金苹果锦城一中、三台县刘营职中等幼儿园、中小学学生和职业院校学生参观，还接待了西藏国培教师班、成渝地区校长培训班、武侯区退役军人、离退休教师等各类社会群体参观，接待群体覆盖范围广、年龄跨度大，低至 4 岁幼童，高至 88 岁的耄耋老人（见图 4-14）。

图 4-14　工业博物馆对外开放

此外，工业博览馆还有一群“宝藏”讲解员。他们是工业博览馆面向校内师生及社会公众开展工业文化讲解服务的形象代表，更是学院最年轻的爱国主义宣传员、工业文化科普人、工匠精神传承者。他们坚持在“讲”中引思，在“解”中促学，努力成长为一支政治素质高、讲解能力强的工业文化科普教育青年军（见图 4-15）。

图 4-15　成都工业职业技术学院讲解员团队

（二）成都汽车职业技术学校

成都汽车职业技术学校以职业启蒙课程建设为基础，充分利用职业教育资源，推进建设职业体验中心，协同多方开展职业体验实践活动，促进多方资源共享、协同育人。

1. 组建工作团队，专项推进工作

成都汽车职业技术学校以校长作为职业启蒙教育专项工作负责人，组建以本校教师为基础的专项工作团队，建立中职教师与义务教育教师、中职教师与企业人员、中职教师与专家学者三种类型联合团队。一是确定由中职学校牵头开展，充分发挥职业学校的专业特点。二是明确研究对象为中小学，实现职普共同开发课程，结合职业学校专业特色，适用于中小学校，促进职普融通。三是重视专家学者理论指导，探索理论与实践的深度结合。

2. 加强经验学习，构建课程体系

为保证职业体验课程的实用性、适用性和可持续性，学校先后赴浙江、上海等具有职业启蒙教育实践基础的地区考察，深入学习职业启蒙教育具体实施模式，结合区域教育特点，构建课程体系。在充分挖掘学校专业教育资源的基础上，确定三层次（感知体验—模拟体验—实践体验）、三阶段（小学低段—小学高段—初中）的课程体系，每个层次开设不同的类别职业启蒙课程，每个阶段开设不同类别职业启蒙课程，不同层次、不同阶段开设不同科目的职业启蒙课程，形成有类别、有科目、有针对、符合学情的课程体系。目前，已形成职业体验视频特色课程、职业体验实践活页式教材两类成果。视频课程用于感知体验，通过送课进校实施，以理论讲授为主，帮助学生建立职业的初步认知。活页式教材用于模拟体验，指导体验活动的开展，提高学生职业认知理念基础和学习体验操作流程，感受职业精神素养。两类成果均已投入使用。

3. 协同多方合力，加强实践探索

学校不断整合多方资源，扩大职业体验合作范围，构建了“多联动—请进来—走出去—拓渠道”四联动实施路径。一是重视顶层规划，向政府部门申请加大投入，完善相关制度。二是与职业学校的合作企业建立多元主体参与机制，邀请哈工大机器人成都有限公司、沃尔沃汽车体验中心等区域内企业成为校外职业体验点。三是鼓励行业企业与中小学合作开展职业体验活动，与四川师范大学附属青台山小学、成都龙泉向阳桥中学等普通教育学校达成合作，定期开展“送课进校”“进校体验”等活动；每年5月，区域中学校学生集中进校参访。四是聘请行业专家对职业体验模式、策略等进行指导与评价，受到江浙地区、成都市等多地职业体验研究领域专家的深度指导。项目受到教科研单位、学校、研学机构等单位机构关注，进一步突破区域界限，合作范围扩大至省外，多省市学校屡次参访学习（见图 4-16）。

图 4-16（a） **初中学生参访**

图 4-16（b） **小学生参访**

图 4-16（c） **汽车装配体验**

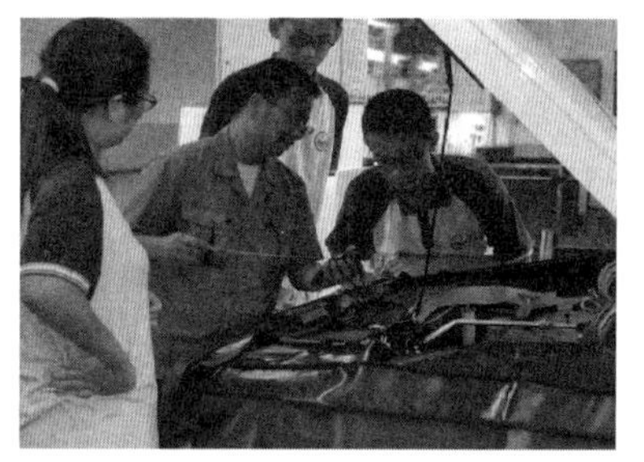

图 4-16（d） **汽车维修体验**

4. 建设体验中心，升级综合资源

在较为丰富的理论和实践基础上，学校启动职业体验中心建设，进一步升级资源。在地方政府部门的支持下，体验中心基建工作已经完成，逐步完善职业体验软硬件配置。体验中心建设体现虚实结合、相互补充、能实不虚的原则，实现真实实验不具备或难以完成的教学功能，在涉及高危或极端的环境，不可及或不可逆的操作，高成本、高消耗、大型或综合训练等情况时，提供可靠、安全和经济的实验项目，实现体验场景操作现场化、体验过程生产流程化、体验角色企业员工化。职业体验中心具备职业倾向测试、职业场景体验、职业规划指导、职业拓展培训的功能，将科普、生活、学习、娱乐融为一体，将职业文化、产业文化、传统文化融为一体，不断增强职业体验教育吸引力。

（三）蒲江县职业中专学校

1. 加强校社联动，构建校企职业体验实践基地

成都蒲江县职业中专学校在县教育局的指导下，打造了具有蒲江特色

的工业文化研学实践基地，是四川省全域研学实践基地之一。学校积极开展工业 4.0 文旅新场景以及中小学生职业教育体验基地建设，该基地目前引入中德（成都）AHK 职教培训中心、KUKA 机器人授权研究院、德国司代普西南中心和霍士丹（成都）精酿啤酒有限公司。

2. 基于优势资源，面向中小幼开展系列活动

学校基地拥有专兼职教师 15 人研学实践指导教师团，针对中小学幼儿园特点开发职业体验教育课程 41 门，打造职业认知、职业体验场景 5 个（KUKA 机器人体验中心、电工电子制作中心、钳工加工体验中心、数字化制造中心、工业控制编制体验中心）。基地不断规范运维管理工作，先后制定《基地建设和管理标准》《研学实践课程标准》《研学教师手册》《研学实践安全预案》等管理文件，规范研学基地的运维，保障学生权益。截至 2021 年 9 月，基地已经开展了 80 多批次的工业职业体验教育活动，接待全市中小学幼儿园 12 000 余人次，辐射县内外近 20 所中小学和幼儿园，如成都七中、成都泡桐树小学寿安分校、寿安幼儿园、寿安新城幼儿园、寿安初中、寿安高中、蒲江中学实验学校、成佳九年制学校、西来九年制学校、甘溪九年制学校等，还接待了德国吕考市高中学生、泰国南邦省中学生。

# 第五章　职业体验课程建设

中小学职业体验课程是一种旨在帮助中小学生了解职业世界、探索职业兴趣和职业规划的课程。开展职业体验课程不仅可以满足学生发展的需求，还可以促进学校与社会的融合、培养学生的综合素质和职业规划能力，为学生未来的可持续发展打下坚实的基础。职业体验教育的特征决定了职业体验教育需要课程化，职业体验课程建设需要考虑多方面因素，在可操作的基础上综合适应性、情境性、动态性、安全性原则，探索职业体验“课程包”建设，学校或学生从“课程包”中选择适合的体验课程，学校也根据学生情况有针对性地开发校本课程。《国务院办公厅关于新时代推进普通高中育人方式改革的指导意见》（国办发〔2019〕29号）指出，“鼓励普通高中与中等职业学校课程互选、学分互认、资源互通，促进职普融通。”因此，可探索中小学校和职业院校在课程互选、学分互认等方面的制度设计，尤其要关注课程制度上的有效衔接，同时需加强课程内容的有效衔接。中小学校可采用“课堂讲授、案例讨论、职业游戏、情景模拟等方式开展职业体验活动，职业院校实训基地可在拓展型和研究型课程建设、活动设计与组织、实践活动与指导、职业兴趣分析等方面体现与学校教育的有效衔接”①。

## 第一节　职业体验课程的整体设计

基地课程设计是确保有序开展劳动教育的重要基础，是课程科学开展和有序开展的重要保障，是劳动教育实践基地构建中的重点环节。随着教

① 高瑜，王振. 中小学职业体验可持续发展的路径选择［J］. 职业教育研究，2019（12）：11-15.

育改革的不断深入，中小学职业体验在国内外都有较大范围的推进，职业体验课程在中小学中逐渐普及。尽管当前中小学职业体验已取得一定的进展，但在课程架构和课程资源方面，仍存在一些问题。

## 一、课程架构层面，缺乏系统的课程设置和标准

不同地区和学校的职业体验课程设置和标准存在差异，其问题集中表现为课程设置不合理、课程不成体系、课程评价较为单一等，职业体验课程的质量参差不齐。具体而言，课程目标和内容不明确，不同学校和教师在设计职业体验课程时，对课程目标和内容缺乏明确的认识和理解，导致课程日标和内容不够清晰，无法有效地帮助学生了解职业世界和培养职业兴趣；课程设置缺乏系统性和连贯性，少数学校和教师在开设职业体验课程时，课程设置缺乏整体的规划和安排，不同年级之间的课程缺乏衔接和连贯性，学生的职业体验无法形成完整的体系；课程评价方面，教师往往采用单一的评价方式，只注重学生的知识掌握程度或技能操作能力，忽略学生的态度、情感和团队合作等方面的表现，评价结果不全面、不公正，无法有效鼓励学生积极参与职业体验。

## 二、课程资源层面，缺乏丰富的课程场所和师资

不同地区和学校在职业体验课程的资源配备方面存在不足。例如，缺乏职业体验的场所和师资等资源，较难为学生提供真实的职业体验环境和实践操作机会。开展职业体验课程时学校缺乏与社会企业和机构的合作，会使学生的实践场所较为单一，难以接触到真实的工作场景和实践操作。学生很难深入了解各种职业的工作内容和要求，无法体验到真实的、贴近生活实际的工作所面临的挑战和压力，影响学生对职业的认知和情感，以及劳动素养的培养和正确劳动价值观的树立。在职业体验课程中存在师资力量不足和培训不足的问题，教师的指导能力和专业素养有限，学校实施职业体验过程中，会导致他们在职业体验课程中无法给予学生充分的指导，学生无法得到必要的帮助和指导，无法深入了解职业体验的意义和价值。教师指导能力和专业素养限制，会导致职业体验课程质量不高，无法激发学生的兴趣和参与热情。教师缺乏足够的指导和培训，还会忽略安全问题，导致学生在实践操作中存在安全隐患。例如，学生在没有得到充分指导和监督的情况下操作危险设备或进行高风险活动。

### 三、课程实施层面，缺乏有力的课程保障和支撑

在实施层面，缺乏有力的课程保障和支撑，集中表现在课程资源和设施不足、课程时间和空间受限、缺乏专业指导和支持。缺乏必要的课程资源和实践设施，难以提供丰富多样的职业体验活动和场景，限制了课程的效果和学生的参与度；学校在安排职业体验课程的时间和空间方面受到限制，无法满足学生对于职业体验的需求，也难以保证课程的持续性、稳定性；学校缺乏专业指导和支持，使得职业体验课程在实施过程中存在一些困难和问题，如课程实施的过程较为随意，没有固定的目标和序列化的内容等，影响了课程的效果。

中小学校和职业院校共同开发职业体验课程时，要从劳动教育的本质出发，充分发挥劳动的育人功能，核心是“做”，即实践，要把实践作为最重要的内容。学校可根据学段设置模块式课程，按照不同学段学生的年龄特点和实际需求，制定菜单式实践课程内容，以项目式形式实施课程[①]。

## 第二节　职业体验课程的体系建构

注重职业体验课程的科学性、系统性和序列化设计是基本原则。在职业体验课程目标和内容上，需科学、系统、序列化设计课程。科学性是指课程目标循序渐进，符合中小学生发展的年龄特点和个性特征；系统性是指职业体验课程与中小学劳动与技术、综合实践活动、研究性学习、生涯规划教育等课程有机结合；序列化是指根据职业生涯发展理论，合理设计小学、初中和高中不同学段的课程目标和内容，注重学期之间和学年之间的课程衔接。

建构丰富多元的职业体验活动样态是主要形式。在活动形式上，韩国自 20 世纪 80 年代起着力探索职业生涯教育。按照间接体验的程度，韩国基础教育为中小学生开展了丰富的创意性体验活动：演讲对话型活动，即学校邀请各领域专家或企业代表进行演讲活动；现场参观型活动，即学生到各种职业相关的宣传机构、企业实地参观；学科体验型活动，即在高中

① 肖慧，刘强，吴柯江．普职联动构建中小学劳动教育实践基地的研究［J］．教育科学论坛，2021（15）：70-73.

或大学参观、实习、学习与职业相关的学科专业；职业咨询型活动，即对学生进行职业规划的咨询指导；职业实务体验型活动，即模拟体验各种职业的相关实务；现场职业体验活动，即在政府、企业、医院、超市等工作场所进行相关的职业体验。活动组织方面，注重职业体验教育活动与自主活动、社团活动、服务活动的相互联系、补充和促进，可采用“职业体验记录簿”记录包括职业体验活动前的计划及体验后的感想等。活动层次方面，要避免职业体验活动概念化、表层化问题，让学生感官层面的职业体验与理性的、技术层面的职业实践相结合，实现动手动脑的统一①。

课程开发是根据学校育人目标，设计和推进课程的过程。在课程开发过程中，还需要考虑学生的年龄和认知特点、职业体验内容的多样性和趣味性、学校资源和设施的限制等因素。同时需要注重课程的系统性和连贯性，确保不同年级之间的职业体验内容相互衔接，形成完整的职业体验体系。

## 一、需求导向的目标设计

需求导向的目标设计是根据学校育人目标、学生的需求等因素，设计课程的目标。需求导向的目标设计主要是基于学生的需求，了解学生的职业兴趣、职业理想和职业认知水平，设计符合学生需求的职业体验目标，激发学生的学习兴趣和动力。在需求导向的目标设计中，还需要注重课程的目标明确、实用性强的特点，注重学生的参与和体验，提高学生的职业认知和劳动技能。通过需求导向的目标设计，可以更好地满足学生的需求和社会对职业人才的需求，提高职业体验课程的教育质量和效果。

## 二、资源整合的内容设计

资源整合的内容设计是根据职业体验课程的目标和内容，整合各种资源，包括人力、物力、财力等，为课程提供必要的支持和保障，主要围绕人力资源和物理资源，解决“谁来教和在哪儿教”的问题，即教师和实践场所，还包括建立职业体验课程的教师团队、邀请家长和社区人士等担任教师，为学生提供更加多样化的学习体验和资源；另外，建立职业体验课程所需的实践场所、设备和材料等，包括职业体验室、实践基地、模拟工

① 吕君，韩大东．“核心素养”背景下韩国中小学职业生涯教育探究［J］．职业技术教育，2019，40（7）：68-73.

作场景等，为学生提供更加真实和直观的职业体验环境。如与企业合作，获取企业提供的职业体验课程资源，包括实践场所、设备、材料、师资等，让学生更加接近职业环境和工作场景，增强学生的职业认知和职业适应能力。

### 三、协同推进的机制设计

协同推进的机制设计是指为确保课程顺利实施而制定的规章制度、流程和管理措施等，为职业体验课程的实施提供必要的保障和支持，确保课程的顺利实施和取得良好的效果。机制设计也需要根据实际情况不断更新和完善，以适应职业体验课程的发展和变化，主要围绕课程管理、教师培训、课程评价三个方面展开。首先，教师培训机制是基础，通过对教师进行职业体验课程的教学理念、教学方法、课程设计和评价等方面的培训，提高教师的专业能力和教学水平；其次，课程管理是基本保障，从课程规划、设计、实施、评价等流程，确保课程的有序性和规范性；第三，课程评价是促进教育高质量发展的重要支撑，通过全面了解课程实施情况和效果，为课程的改进和提升提供依据。

成都市根据小学、初中、高中阶段学生的认知特点和发展规律，构建了职业体验课程体系。

确立课程目标体系。小学阶段（3~6 年级）是职业启蒙，总目标是初步体验，培养兴趣，认识职业。具体目标有：了解多种不同产业的相关职业；能够描述不同职业的主要特征；初步体验力所能及的职业岗位，获得对职业劳动的初步认知，培养兴趣。初中阶段是职业初识，总目标是持续体验，增强兴趣，形成意向。具体目标有：知道不同产业的职业要求；尝试完成父母相关职业岗位或是小区 1~2 个服务岗的完整体验；提升学生劳动素养，增强学生的职业兴趣，初步形成生涯规划意识。高中阶段是职业规划阶段，总目标是积极体验，认同职业，明确志向。具体目标有：根据自己的职业兴趣，自主选择参与相关职业体验；初步形成自己的职业规划，明确发展方向；理解职业岗位劳动的价值，增强职业兴趣①（见表 5-1）。

---

① 洪芳玲，汪红斌，问晓梅. 基于职业体验教育的青少年气象科普活动设计：以宝山区气象局职业体验式科普活动为例［J］. 科技传播，2023，15（10）：20-23，28.

**表 5-1　不同阶段的职业体验课程目标体系**

| 年段 | 阶段 | 总目标 | 具体目标 |
| --- | --- | --- | --- |
| 小学阶段（3~6 年级） | 职业启蒙阶段 | 初步体验，培养兴趣，认识职业 | 1. 了解多种不同产业的相关职业；<br>2. 能够描述不同职业的主要特征；<br>3. 初步体验力所能及的职业岗位，获得对职业劳动的初步认知，培养兴趣 |
| 初中阶段 | 职业初识阶段 | 持续体验，增强兴趣，形成意向 | 1. 知道不同产业的职业要求；<br>2. 尝试完成父母相关职业岗位或是小区 1~2 个服务岗的完整体验；<br>3. 提升学生劳动素养，增强学生的职业兴趣，初步形成生涯规划意识 |
| 高中阶段 | 职业规划阶段 | 积极体验，认同职业，明确志向 | 1. 根据自己的职业兴趣，自主选择参与相关职业体验；<br>2. 初步形成自己的职业规划，明确发展方向；<br>3. 理解职业岗位劳动的价值，增强职业兴趣 |

建立课程内容框架。基于课程总目标和具体目标，根据成都市职业院校专业设置涵盖的三大产业，建立涵盖农林牧渔类、加工制造类、石油化工类、建筑制造类、财经商贸类、旅游服务类、非物质文化类 7 个专业类别的职业体验课程框架，对课程进行差异化构建，形成适合小学、初中、高中三个学段的梯度层级课程①。

集中成都市东、南、西、北各片区内职业院校优势专业资源，整合片区内中小学校和职业院校师资力量，开发区域职业体验特色课程集群（见表 5-2）。建立横向上遍布一、二、三产业，纵向上满足小、中、高不同学段的课程体系。以东片区为例，依托金堂职业高级中学的观光农业与经营专业打造的休闲农场职业体验课程，从认识休闲农场、体验休闲农场到经营休闲农场，分别对应小学、初中、高中三个学段学生。又如，成都汽车职业技术学校汽修专业和建筑职校建筑工程专业建设的机械师体验、汽车装配体验、建筑施工员体验课程，可贯通小学、初中、高中学段。

① 高瑜. 职业院校联合中小学校开展职业体验的协同实践［J］. 湖南教育（C 版），2023（3）：48-50.

表 5-2　东、南、西、北各片区的职业体验课程

| 区域 | | 产业类别 | 学段 | 课程类别 | 课程名称 |
|---|---|---|---|---|---|
| 片区 | 区县 | | | | |
| 东片区 | 成华区、锦江区、青白江区、金堂县、龙泉驿区、简阳市、东部新区 | 第一产业 | 小学 | 农林牧渔类 | 认识休闲农场 |
| | | | 初中 | 农林牧渔类 | 体验休闲农场 |
| | | | 高中 | 农林牧渔类 | 经营休闲农场 |
| | | 第二产业 | 小学 | 机械加工类 | 机械师体验 |
| | | | 初中 | 建筑制造类 | 汽车装配体验 |
| | | | 高中 | 建筑制造类 | 建筑施工员体验 |
| | | 第三产业 | 小学 | 旅游服务类 | 认识花艺师 |
| | | | 初中 | 财经商贸类 | 会计师体验 |
| | | | 高中 | 旅游服务类 | 模拟客舱服务体验 |
| 南片区 | 武侯区、高新区、双流区、新津区、天府新区 | 第一产业 | 小学 | 农林牧渔类 | 认识农场 |
| | | | 初中 | 农林牧渔类 | 农场管理员体验 |
| | | | 高中 | 农林牧渔类 | 农场管理员体验 |
| | | 第二产业 | 小学 | 建筑制造类 | 爱上汽车 |
| | | | 初中 | 机械加工类 | 机械师体验 |
| | | | 高中 | 建筑制造类 | 建筑师体验 |
| | | 第三产业 | 小学 | 旅游服务类 | 航空服务员 |
| | | | 初中 | 财经商贸类 | 会计点钞员 |
| | | | 高中 | 旅游服务类 | 中西餐宴会摆台 |

表5-2(续)

| 区域 | | 产业类别 | 学段 | 课程类别 | 课程名称 |
|---|---|---|---|---|---|
| 片区 | 区县 | | | | |
| 西片区 | 青羊区、郫都区、温江区、都江堰市、崇州市、大邑县、邛崃市、蒲江县 | 第一产业 | 小学 | 农林牧渔类 | 认识园艺师 |
| | | | 初中 | 农林牧渔类 | 茶溪谷家庭农场经营体验 |
| | | | 高中 | 农林牧渔类 | 园艺管理员体验 |
| | | 第二产业 | 小学 | 建筑制造类 | 认识工业机器人 |
| | | | 初中 | 建筑制造类 | 电子元件 DIY |
| | | | 高中 | 建筑制造类 | 机器人雕刻 |
| | | 第三产业 | 小学 | 旅游服务类 | 旅游向导 |
| | | | 初中 | 旅游服务类 | 轨道交通员 |
| | | | 高中 | 非遗文化类 | 非遗文化制作体验 |
| 北片区 | 金牛区、新都区、彭州市 | 第一产业 | 小学 | 农林牧渔类 | 认识园艺师 |
| | | | 初中 | 农林牧渔类 | 园艺管理员体验 |
| | | | 高中 | 农林牧渔类 | 园艺管理员体验 |
| | | 第二产业 | 小学 | 建筑制造类 | 认识化工员 |
| | | | 初中 | 建筑制造类 | 口腔模具制作 |
| | | | 高中 | 机械加工类 | 机械师体验 |
| | | 第三产业 | 小学 | 旅游服务类 | 少儿茶艺 |
| | | | 初中 | 旅游服务类 | 传统美食制作 |
| | | | 高中 | 财经商贸类 | 物流师体验 |

成都市中和职业中学为全市中小学生开设了电子技术应用、计算机应用、机械技工技术、汽车应用与维修、烹饪、旅游与酒店管理 6 个大类职业体验课程，以职业体验内容分设双控家电照明、Photoshop、平面设计、木工房、钳工、汽车钣金、藤椒麻辣烫、日式寿司、调酒、咖啡、中式铺床等 19 个项目 39 种职业体验岗位。

双线推进课程服务。一是市域推动。全市中小学生通过职业体验菜单平台选择自己感兴趣的体验课程进行申报，根据学生申报情况，成都市协调全市职业院校体验基地做好统筹安排，由中小学校组织学生到相应的基地进行体验。二是职普协同。主要有三种形式：职业院校与中小学校建立职业体验联盟，学生按计划、有组织地到职业院校进行职业体验；中小学校聘请职业院校教师参与课后服务；职业体验基地面向中小学校开放，学生利用节假日到体验基地进行职业体验。

## 第三节　职业体验课程的实施路径

推进“双减”作为党中央和国务院提升学校教育教学质量和服务水平的手段，其根本任务是立德树人，建设高质量教育体系，以良好的教育生态，促进学生全面发展、健康成长。因此，服务“双减”需要在思想理念上统一路径认识，即不仅可以为中小学提供多样态、优质的课后服务，还可凭借高水平、高质量的内容融入以课程为核心的义务教育人才培养体系。职业体验课程可以成为服务“双减”的重要部分①。

中小学校职业体验类课程是服务“双减”的关键载体，校内劳动教育与综合实践活动、课后与校外职业体验是实施的主要形式。为建好职业体验课程，优秀的课程开发团队是极为重要的。首先，团队成员应当包括普通中小学与职业院校项目负责人，双方学校教务骨干、优秀教师，高校或教科研机构课程理论及课程开发专家，教育行政部门的有关领导等，根据需要还可吸纳家长代表、企业专业人员参与。其次，需要遵循科学的课程开发逻辑。课程开发团队需要科学确立“双减”背景下的职业体验课程理念、性质、目标、原则，还要合理确定课程规划、开发内容、活动方式、实施要求，加强课程评估与改进。最后，构建项目化的职业体验课程体系。通过与中小学“德智体美劳”课程的相互渗透，在其他学科教学中加大职业知识、职业态度和职业素养的陶冶，增加手工操作、生活技能、职业技能的练习；通过课程的整合，形成以培育融合劳动与职业、技术与科学等多学科素养为核心的跨学科课程；通过课程的融通，建设彰显区域产业文化、展现产业先进技术的示范性、特色化职业体验课程。职业体验活动是目前职业院校开展的普遍形态，活动类型包括常规专题职业体验活动、职业体验夏令营、职业教育活动周活动、日常参观等。如上海市通过

---

① 高瑜，杨北冬，万朝丽. 职业启蒙教育服务“双减”的价值分析、实践路径与保障机制[J]. 当代职业教育，2022（4）：41-47.

线上线下体验、暑期职业体验夏令营等方式组织学生职业体验日，面向中小学生开展包括工业机器人、VR、物联网等项目的职业体验活动，极大激发了学生的学习热情，仅 2021 年就吸引了上海市约 8 万人次参与。江苏省常州市积极开展职业院校职业一日体验活动，四川省成都市以职业体验教育活动促进职普融通、协同育人①。

一方面，职业体验课程可以主动成为“双减”课后服务体系的组成部分。职业体验可以通过融入“双减”课后服务体系，成为打造多样化学习形式、助力教育质量提升的重要力量。时间方面，中小学、职业院校、社区教育学校（站）、青少年宫等可以探索开展以职业体验类素质拓展课程为主的周末托管服务、暑假托管服务。内容方面，中小学校可以将职业体验类课程纳入菜单式课后服务项目，供学生自愿选择；在学校组织开展的科普、文艺、社团、游园活动中，加强实践创新核心素养相关的生产劳动、社会实践、技术应用等内容的项目设计。主体方面，中小学校是开展职业体验的主体，经过遴选的职业院校、社区教育学校（站）、青少年宫、科技馆、红色教育基地可以发挥重要作用。

另一方面，职业体验课程可以积极服务义务教育学科课程的高质量实施。义务教育课程体现了国家意志，在立德树人中发挥关键作用，可以成为助力义务教育课程实施的重要力量。《义务教育课程方案》（2022 年版）明确提出：聚焦中国学生发展核心素养，培养学生适应未来发展的正确价值观、必备品格和关键能力。关键能力具体的内容，在 2017 年中共中央办公厅、国务院办公厅印发的《关于深化教育体制机制改革的意见》中已落实，具体包含认知能力、合作能力、创新能力和职业能力，其中职业能力的要义为“引导学生适应社会需求，树立爱岗敬业、精益求精的职业精神，践行知行合一，积极动手实践和解决实际问题”。如何在义务教育阶段加强职业能力等关键能力培养呢②？《义务教育课程方案》（2022 年版）已指明方向，一要“聚焦核心素养，面向未来”，依据学生终身发展和社会发展需要培育关键能力，精选课程内容培养创新精神和实践能力；二要“加强课程综合，注重关联”，强化“课程内容与学生经验、社会生活的联

---

① 高瑜，杨北冬，万朝丽. 职业启蒙教育服务“双减”的价值分析、实践路径与保障机制［J］. 当代职业教育，2022（4）：41-47.

② 王锋，朱小燕，曹梦竺等. 工匠精神视域下分析化学课程改革研究［J］. 烟台职业学院学报，2018，24（4）：56-58.

系”“加强综合课程建设”，强化学科内知识整合、统筹课程与跨学科主题学习，“注重培养学生在真实情境中综合运用知识解决问题的能力”；三要“变革育人方式，突出实践”，加强课程与生产劳动、社会实践的结合，学科学习方法上加强知行合一、学思结合，综合实践活动方面推进工程与技术实践。在课程设置方面，义务教育阶段学校课程中综合实践活动侧重跨学科研究型学习和社会实践；课程内容要求方面，义务教育阶段各科课程内容均应注重学生经验与社会生活的关联，探索主题、项目、任务等内容组织形式，各门学科原则上应有不少于10%的课时用于跨学科主题学习。可在形成相对独立的课程体系基础上主动嵌套义务教育课程体系，匹配开发中小学学科课程中与社会生活、实践能力培养相关的内容，紧密围绕劳动教育、综合实践活动、地方课程、校本课程提供相适应的工程与技术课程、社会实践课程①。

## 一、加强统筹协调，以教育合力推进课程建设

加强统筹协调是推进中小学职业体验课程建设的重要基础。在课程实施前，需要进行全面的规划和分析，明确课程的目标、内容、实施方式和评价方式等，确保课程的整体性和系统性。在课程实施中，需要协调各方面的资源，包括人力、物力、财力等，确保课程实施所需的各种资源得到充分保障；需要与相关企业、行业协会等合作，实现资源共享、合作共赢，为学生提供更加真实和专业的职业体验机会；需要与家长进行沟通和合作，让家长了解课程的目标和内容，为孩子提供更加全面的职业指导和支持。课程实施后，需要进行社会推广和宣传，让更多的人了解职业体验课程的意义和价值，争取更多的社会支持和资源。通过统筹协调，形成教育合力，推进职业体验课程的实施，确保课程实施的效果和质量，提高学生的职业兴趣、实践能力和综合素质，为学生的未来发展提供更加全面的支持和帮助。

## 二、加强服务指导，以理实结合推进课程实施

加强服务指导是推进中小学职业体验课程实施的重要措施。在课程实施过程中，需要教育科研部门提供实际的操作和指导，帮助学校、教师和

---

① 高瑜，杨北冬，万朝丽. 职业启蒙教育服务“双减”的价值分析、实践路径与保障机制[J]. 当代职业教育，2022（4）：41-47.

学生将理论知识与实际操作相结合，从而更好地促进课程的实施。首先，针对学校层面，教育部门可以提供职业体验课程建设指导手册等，帮助学校更好地实施课程；教育部门可以与相关部门合作，建立职业体验实践基地，提供学生实践的机会和场所，例如，工厂、企业、科研机构等；教育部门可以通过校园文化节、家长会、社区活动等方式，向社会推广职业体验课程的意义和价值，争取更多的社会支持和资源。其次，针对教师层面，可以通过对教师进行职业体验课程的专业培训以及提供教学指南、教学案例等资料，包括课程设计、教学内容、教学方法和评价方式等方面内容，提高教师的专业能力和教学水平。最后，针对学生层面，为学生提供实际的职业场景和实践机会，通过实践操作、模拟演练、参观考察等方式，让学生亲身感受职业工作的内容和要求，提高实践能力和职业认知。通过加强服务指导，以理实结合的方式推进职业体验课程的实施，可以确保课程实施的效果和质量，提高学生的职业兴趣、实践能力和综合素质，为学生的未来发展提供更加全面的支持和帮助。

### 三、加强职普融通，以共建共享推进持续发展

加强职普融通是推进中小学职业体验课程持续发展的关键。职普融通是加强普通教育和职业教育之间的联系和互动，通过课程共享、资源共享、师资共享等措施，实现普通教育和职业教育之间的融合，促进职业体验教育的全面发展和可持续发展。课程共享是基于课程目标序列化、课程内容系统化、课程分类模块化的方式整合现有职业教育相关职业体验课程，具体而言是设计小初高不同学段的课程目标、将职业体验课程与现有教育活动有机结合、以基地资源具体情况等分模块设置课程，通过共享课程资源，将职业教育中的职业体验相关内容有机融入普通教育，让学生在学习中了解职业知识、提高职业素养。资源共享是指普通教育和职业教育共享软硬件资源，引入职业教育丰富的职业资源，建立职业体验中心、实践基地等，为学生提供更加真实和专业的职业体验机会，同时也可以为课程提供必要的支持和保障。师资共享以围绕职业体验课程教学为核心，建立教师合作、交流和培训的平台，教师可以互换课堂，让学生能够接触到更多类型的教师，增加教师的专业知识和视野；可以共享教师资源，建立教师数据库和教师人才库，实现教师资源的共享和优化配置；可以共同开展师资培训，提高教师的专业能力和教学水平，还能增加教师的职业知识

和技能；可以合作开展课题研究，共同探索职业教育的改革和发展方向，提高教师的科研能力和教学水平①。

模块式设置课程，是根据普通教育学校学生的年段和职业教育学校基地的资源，设置多模块课程，如车床初中模块、车床高中模块。以模块式统整课程，制定各模块的培养目标、管理办法、评价机制等，保障课程持续推进。

菜单式课程内容，是根据职业教育学校现有的教育教学资源和普通教育学校学生的实际需求，统筹设计课程内容，以菜单形式展现出来，为学生提供系统化、进阶性的选择项目，如职业教育物流专业的叉车认识与操作、建筑专业的设计与模型等。项目内容的设置需充分考虑普通教育学校学生的年段和兴趣，特别是内容的难度上，要体现进阶性，符合学生的基础知识结构特点。

项目式实施课程，有利于发挥项目式课程的综合性、实践性和体验性特点，更能实现劳动教育的目的。通过实践和体验，学生能对所完成的项目有深入的了解和实践。在选择、确定项目时，学生可以提高对项目相关资料的收集和分析能力；在设计、修订方案时，学生可以实现跨学科思维能力、解决问题能力的提升；在实施、完成项目时，学生实践能力不仅有所提升，时间和项目管理能力也有所提升；在交流、展示过程中，学生总结提炼能力有所提升；在反思、改进过程中，学生深入分析、反思改进能力也有所提升②。

## 第四节　职业体验课程的实践案例

### 案例 1：汽车维修工初体验——车轮拆装

#### 一、活动主题的确立

汽车维修是汽车能够安全、稳定、长久使用的重要保障。在汽车维修

---

① 肖慧，刘强，吴柯江. 普职联动构建中小学劳动教育实践基地的研究［J］. 教育科学论坛，2021（15）：70-73.

② 肖慧，刘强，吴柯江. 普职联动构建中小学劳动教育实践基地的研究［J］. 教育科学论坛，2021（15）：70-73.

行业当中，因需求诞生了许多职业，而汽车维修是整个行业最为基础、最为重要的职业之一，能够保证车辆及时得到维护。在汽车维修工日常工作中，车轮拆装是基础维修项目；在职业技能中，车轮拆装则是基础技能。

活动课时为2课时。

**二、学情分析**

1. 学生为初二学生，共40人，25名男生，15名女生。60%的学生家里有轿车，50%左右的学生对汽车有兴趣，其中15%的同学有主动了解汽车产业发展动态的经历。

2. 超过90%的学生具备较强的表达能力，30%的学生主动思考、积极性高，50%的学生有较强的动手能力。

3. 综合以上，根据学生特性，将其均分为8小组，每组5人。

**三、教学目标**

1. 了解车轮更换的流程，正确使用车轮拆装工具。

2. 学会车轮拆装工具的使用以及正确拆装车轮，理解和掌握工具的使用方法、车轮拆装技能等。

3. 提升合作学习能力和动手能力，感受职业工作的内涵，培养吃苦耐劳、专注认真的职业素质，建立尊重和认可所有职业的职业平等观念。

**四、教学重难点**

1. 教学重点：车轮拆装工具的正确使用。

2. 教学难点：正确拆装车轮。

**五、活动过程（见表5-3）**

**表5-3 活动过程**

| 活动阶段 | 活动环节 | 学生任务 | 教师指导 | 设计意图 | 课时安排 |
|---|---|---|---|---|---|
| 准备阶段 | 环节一：环境认知 | 1. 认识汽车维修车间环境。<br>2. 知道车间作业安全要求 | 1. 认识汽车维修车间环境。<br>2. 知道车间作业安全要求 | 1. 帮助学生认识维修车间环境，融入情境。<br>2. 建立安全作业的心理暗示 | 2分钟 |
| | 环节二：岗位认知 | 1. 知道汽车维修工的工作内容和技能。<br>2. 知道什么时候需要拆装车轮，需要哪些设备和工具 | 1. 讲解汽车维修工的工作内容和技能。<br>2. 分析车轮拆装的实际应用 | 1. 加强学生对汽车维修工的认知。<br>2. 引导学生联系实际，理解岗位技能的用途，并建立对车轮拆装所需工具的基础认知 | 3分钟 |

表5-3(续)

| 活动阶段 | 活动环节 | 学生任务 | 教师指导 | 设计意图 | 课时安排 |
| --- | --- | --- | --- | --- | --- |
| 实施阶段 | 环节一：示范操作 | 1. 观看教师示范，了解车轮拆装流程以及设备、工具的使用。<br>2. 对教师的讲解和示范进行师生交流，汇报体会。<br>3. 通过学习教师总结，巩固对教师示范内容的理解和掌握 | 1. 示范车轮拆装工具的使用和操作流程。<br>2. 引导学生体会交流。<br>3. 总结学生体会，强调车轮拆装要点 | 通过教师或专业人员的演示，展示安全、正确、规范的操作流程和防范，促进学生对体验内容的理解和掌握 | 20分钟 |
| | 环节二：实践操作 | 1. 5名学生（由各组推选）合作先行示范操作车轮拆装。<br>2. 二次总结学生示范情况。<br>3. 分组开展车轮拆装实践操作，完整体验整个流程 | 1. 视情况指导个别学生进行示范操作。<br>2. 对示范学生的操作情况进行说明讲解。<br>3. 组织学生分组开展实践操作，强调安全事项，根据小组情况进行指导，巡视确保安全 | 通过个别学生先行示范，结合学生示范情况，对操作内容的要点和注意事项等进行再一次的说明，目的在于进一步明晰劳动要求和防范劳动风险 | 50分钟 |
| 总结分享阶段 | 环节一：反思交流 | 1. 以个人为单位，记录体验过程和感受。<br>2. 以小组为单位，组内分享体会和感受。<br>3. 共同分享本次车轮拆装体验的感受。<br>4. 拓展：钣金修复工 | 1. 组织学生开展体验感受分享。<br>2. 及时对学生的分享进行反馈。<br>3. 拓展：钣金修复工 | 1. 学生自身基于组内和组间反思活动体验，对自身体验感受和体验经验的结构与内涵进行有意识或者无意识的再次建构。<br>2. 知道与汽车机电修理息息相关的钣金修复原理（课后了解） | 15分钟 |
| | 环节二：奖励激励 | 根据项目评价表评选出优秀个人和优秀小组，进行表彰 | 综合评选出优秀个人和优秀小组 | 树立榜样 | |

## 六、评价（见表5-4）

**表5-4　车轮拆装项目评价**

| 考核内容 | 考核要求 | 完成度（完成质量） | | | | | | | | |
| --- | --- | --- | --- | --- | --- | --- | --- | --- | --- | --- |
| | | 优秀 | | 良好 | | 合格 | | 有待提高 | | 备注 |
| | | | | | | | | | | |
| 准备工作 | 车辆停放情况确认 | | | | | | | | | |
| | 工具确认准备 | | | | | | | | | |
| | 防具穿戴 | | | | | | | | | |
| 拆卸流程 | 车轮挡块安装 | | | | | | | | | |
| | 备胎放置 | | | | | | | | | |
| | 预松螺栓 | | | | | | | | | |
| | 举升车辆 | | | | | | | | | |
| | 螺栓拆卸顺序 | | | | | | | | | |
| | 卸下车轮 | | | | | | | | | |

表5-4(续)

| 考核内容 | 考核要求 | 完成度（完成质量） | | | | | | | | |
|---|---|---|---|---|---|---|---|---|---|---|
| | | 优秀 | | 良好 | | 合格 | | 有待提高 | | 备注 |
| | | | | | | | | | | |
| 安装流程 | 预装螺栓 | | | | | | | | | |
| | 预紧螺栓 | | | | | | | | | |
| | 下降车辆 | | | | | | | | | |
| | 紧固螺栓 | | | | | | | | | |
| | 螺栓力矩 | | | | | | | | | |
| | 螺栓安装顺序 | | | | | | | | | |
| 工具使用 | 指针式扭力扳手 | | | | | | | | | |
| | 预置式扭力扳手 | | | | | | | | | |
| | 套筒扳手 | | | | | | | | | |
| | 千斤顶 | | | | | | | | | |
| 职业素养 | 纪律 | | | | | | | | | |
| | 安全 | | | | | | | | | |
| | 合作 | | | | | | | | | |
| | 工具 | | | | | | | | | |
| 综合评价 | 工具、场地恢复 | | | | | | | | | |
| 【评价标准】<br>1. 流程完成度：如组内合作完成无需他人提醒为优秀，其他根据实际表现定级。<br>2. 技能表现度：无需指点或经 1 次指点后，正确完成为优秀，其他根据实际情况定级。<br>3. 职业素养表现度：根据实际表现定级。<br>4. 优秀达 19 个及以上者为综合优秀；16~18 个为良好；13~15 个为合格；12 个及以下为有待提升 | | | | | | | | | | |

## 案例 2：一片树叶的故事——乌龙茶冲泡体验

### 一、活动主题的确立

茶叶与饮茶都源于我国，喝茶已经成为四川人相谈甚欢的交流方式，走入寻常百姓家。喝茶、摆龙门阵依然成为休闲生活的一部分，中国最早的茶馆也源于四川，因此茶与学生的生活也是息息相关的。乌龙茶的冲泡是中国茶艺的重要表现形式，也是现代茶艺馆中最为实用并广泛应用的茶艺表演，学好它能够更好地展现学生规范、标准的茶事服务技能，也能展现职业能力和岗位魅力。

本活动课时为 2 课时，拟在五年级小学生中讲授。

### 二、学情分析

1. 授课学生为五年级，班级规模 40~50 人，男女比例比较适中，学生家庭家里或多或少都会有人饮茶，认识一些常见的茶叶，对茶文化有初步的感受。学生具有一定程度的探究学习能力，会根据探究内容自主选择适当的探究方法。通过职业体验课程，对茶文化和茶艺有一定的了解和认知，但因为时间的限制，可能对于关键技能的体验掌握不足。

2. 学生对乌龙茶有一定的了解，在职业体验课程后学生也在课外进行了茶叶冲泡的一些简单实践，对于岗位体验有更大的期待和向往。

3. 小学生乐于接受新鲜事物，对茶艺充满好奇心，积极性高，但因为涉及操作动作，老师讲授过快学生不容易理解和掌握。同时在操作中也会涉及一些安全因素，在授课时应高度重视，在条件允许的情况下每个小组增派一名职校的学生“小老师”作为助教协助。

## 三、教学目标

1. 认识和初步掌握乌龙茶冲泡的过程，对于关键的冲泡手法熟知，也能优美展示，还能简单讲述。

2. 学生反复练习，达到基本熟练操作，培养展现茶文化的能力。

3. 展现茶艺师的职业素养和魅力。培养学生对中国传统文化的热爱，发掘职业兴趣，激发思考职业及职业选择的能动性，建立正确职业选择观。

## 四、教学重难点

1. 教学重点：乌龙茶冲泡的基本流程。

2. 教学难点：正确掌握乌龙茶冲泡的技能。

## 五、活动过程（见表5-5）

**表5-5 活动过程**

| 活动阶段 | 活动环节 | 学生任务 | 教师指导 | 设计意图 | 课时安排 |
|---|---|---|---|---|---|
| 准备阶段 | 环节一：环境认知 | 1. 观摩认识茶艺实训室。<br>2. 知道茶艺实训室实训的要求、安全操作规范 | 1. 介绍茶艺实训室布局、实训室承接实训情况。<br>2. 讲解茶艺实训室的实训要求（融入对茶艺师上岗及岗位环境布置要求）、涉及茶艺实训的安全要求 | 1. 帮助学生认识岗位体验的环境，融入情境。<br>2. 初步建立岗位上岗认识和安全规范操作意识 | 5分钟 |
| | 环节二：岗位认知 | 1. 知道茶艺师上岗的基本要求。<br>2. 初步了解茶艺实训室岗位体验的项目 | 1. 讲解茶艺师岗位要求和技能。<br>2. 介绍茶艺实训室体验项目及今后与职业、行业对接的应用 | 1. 加强学生对茶艺师的认知。<br>2. 引导学生联系实际理解岗位技能的用途 | 3分钟 |

表5-5（续）

| 活动阶段 | 活动环节 | 学生任务 | 教师指导 | 设计意图 | 课时安排 |
|---|---|---|---|---|---|
| 实施阶段 | 环节一：示范操作 | 1. 观看教师示范，了解乌龙茶冲泡的流程、工具的使用。<br>2. 对教师的讲解和示范进行交流，汇报体会，答疑解惑。<br>3. 通过教师总结，巩固对教师示范内容的理解和掌握 | 1. 示范乌龙茶冲泡工具的使用和操作流程。<br>2. 引导学生进行体会交流。<br>3. 总结学生体会，强调乌龙茶冲泡各流程要点 | 通过教师的演示，展示正确、规范的操作流程，促进学生对乌龙茶冲泡体验内容的理解和掌握 | 12 分钟 |
| | 环节二：实践操作 | 1. 分组，每组 6～8 名学生，安排 1 名职校学生助教，体验乌龙茶冲泡流程。<br>2. 每组学生体验后，各组推选 1 名熟练选手担任主泡手。主泡手带领各组同学探究在体验操作中的技能和存在的问题并交流发言。<br>3. 在教师和助教的协助下继续练习规范流程 | 1. 视情况指导个别学生进行示范操作。<br>2. 对示范学生的操作情况进行说明讲解。<br>3. 组织学生分组开展实践操作，强调安全事项，安排助教学生根据各小组情况进行指导，巡视确保安全、体验纪律 | 通过分组训练，核实学生的操作体验情况，对操作内容的要点和注意事项等进行强调和说明，明细职业要求，操作安全 | 50 分钟 |
| 总结分享阶段 | 环节一：反思交流 | 1. 个人完成体验记录单，记录体验过程和感受。<br>2. 以小组为单位，组内分享体会和感受。<br>3. 抽取 1～2 组展示乌龙茶冲泡的流程，各组进行自评、互评，谈体会感受 | 1. 所在班班主任组织学生进行展示和体验分享。<br>2. 职校教师对乌龙茶冲泡的岗位体验活动点评、总结。<br>3. 及时引导学生在体验后总结对于茶艺、茶艺师这个职业的认知，激发职业兴趣 | 1. 学生自身基于组内和组间反思活动体验，达到对自身体验感受和体验经验的结构与内涵所进行的有意识或者无意识的再次建构。<br>2. 在这个环节深化活动主题，引导出对于岗位、职业的认知和正确的观念 | 15 分钟 |
| | 环节二：激励与拓展 | 1. 表现好的学生给予肯定和表彰。<br>2. 运用所学尝试为家人冲泡一次乌龙茶 | 评选出优秀学生，引导学生树立良好的职业素养，学会用劳动成果来感激家人的关心 | 树立榜样，引导学生学以致用 | |

## 六、评价（见表 5-6）

**表 5-6　乌龙茶冲泡岗位体验评价**

| 学校及班级 | | 姓名 | | |
|---|---|---|---|---|
| 项目 | 要求和评价标准 | 分值（100 分） | 自评 | 互评 |
| 仪容仪表 | 发型、服饰协调，形象自然，用语得当，表情自然，动作手势端庄大方 | 10 分 | | |

表 5-6（续）

| 项目 | 要求和评价标准 | 分值（100 分） | 自评 | 互评 |
| --- | --- | --- | --- | --- |
| 乌龙茶冲泡 | 冲泡程序契合茶理，投茶量适当，水温、冲水量及时间把握合理，动作顺畅，手法适度，过程完整 | 60 分 | | |
| 茶汤质量 | 茶色、香、味、形表达充分，茶汤适量，奉茶姿势自然得体 | 20 分 | | |
| 解说 | 普通话讲解得体，口齿清晰，注重整体效果 | 10 分 | | |
| 整体评价（含可提升方面） | | 总分 | | |
| 指导教师 | | | | |

## 案例 3：汽车维修行业职业的认知与选择

### 一、活动主题的确立

汽车维修是汽车能够安全、稳定、长久使用的重要保障，在我们日常生活和工作中都非常重要。我们可以通过学习了解汽车维修行业的各种职业，正确认识汽车维修行业。

初中学生处于身心快速发育的青春期，对未曾了解的事物都充满好奇，对于各学科基础知识也有了比较好的掌握，可以充分引导学生运用其好奇心，结合所学知识，认识和了解汽车维修行业。在体验中挖掘自己的特长和爱好，挖掘职业兴趣，发现职业选择的更多可能。

本活动课时为 1 课时。

### 二、学情分析

1. 学生为初二学生，共 40 人，25 名男生，15 名女生。60%的学生家里有轿车，50%左右的学生对汽车感兴趣，其中 15%的同学有主动了解汽车产业发展动态的经历。

2. 超过 90%的学生具备较强的表达能力，30%的学生主动思考、积极性高，50%的学生有较强的动手能力。

3. 综合以上，根据学生特性，均分为 8 小组，每组 5 人。

## 三、教学目标

1. 激发学生对汽车制造行业的兴趣，使其了解汽车维修行业的职业构成，知道理智选择职业的方法。

2. 提升学生合作学习的能力，发掘职业兴趣，激发思考职业及职业选择的能动性，建立正确职业选择观。

## 四、教学重难点

1. 教学重点：汽车维修行业的职业构成，理智选择职业的方法。

2. 教学难点：汽车维修行业的职业构成。

## 五、活动过程（见表 5-7）

**表 5-7　活动过程**

| 活动阶段 | 活动环节 | 学生任务 | 教师指导 | 设计意图 | 课时安排 |
| --- | --- | --- | --- | --- | --- |
| 准备阶段 | 问卷调查（活动前） | 如实完成汽车行业了解情况的问卷调查 | 研制学生对汽车行业了解情况的调查问卷，进行问卷结果分析 | 学情分析的依据 | 至少活动前1天 |
| 实施阶段 | 环节一：基础认知 | 1. 理解什么是“职业”。<br>2. 认识汽修行业的真正内涵 | 1. 通过问题及视频引导学生理解“职业”的概念，引出“职业”因需求而诞生。<br>2. 通过视频，帮助学生建立对汽修行业的真正认知 | 奠定理论基础<br>1. 通过引导出“职业”因需求而诞生，作为分析、理解维修行业职业构成的依据。<br>2. 真正知道了汽车维修是什么，才能结合“需求”进一步分析职业构成 | 7分钟 |
| | 环节二：分析认识 | 小组合作，根据教师给出的“线索”，分析和认识汽车维修行业的职业构成 | 1. 依据提示，引导学生通过小组合作分析汽修行业：<br>（1）从“需求”考虑；<br>（2）从专业技术人员（负责研究开发设计）、执行人员（负责制造生产）、辅助人员（后勤、人力资源管理、财务等保障）3 个层次分析。<br>2. 讲解补充 | 从需求和 3 个层次去分析汽修行业的职业构成，继而初步知道不同职业的工作内容和能力需求 | 20分钟 |
| 实施阶段 | 环节三：模拟选择 | 1. 模拟选择汽修行业的职业。<br>2. 知道理智选择职业的方法。<br>3. 观看优秀汽车修理工的职业选择故事视频，深刻认识职业选择的重要性。<br>4. 认识到“尊重所有职业，职业不分贵贱，都能产生不同的价值” | 1. 组织学生模拟选择汽修行业的不同职业：相互为对方选择，并说出为什么。<br>2. 引导学生思考并总结出理智选择职业的方法。<br>3. 播放优秀汽车修理工的职业选择故事视频。<br>4. 引导出“尊重所有职业，职业不分贵贱，都能产生不同的价值”的正确价值观 | 通过模拟职业选择，发掘学生的职业兴趣，播放汽车修理工职业选择故事视频，引导学生建立正确的职业价值观，激发学生对职业及职业选择的进一步思考 | 8分钟 |

表5-7(续)

| 活动阶段 | 活动环节 | 学生任务 | 教师指导 | 设计意图 | 课时安排 |
| --- | --- | --- | --- | --- | --- |
| 总结分享阶段 | 环节一：反思交流 | 以小组为单位，组内分享体会和感受 | 1. 组织学生开展体验感受分享。<br>2. 及时对学生的分享进行反馈 | 学生自身基于组内和组间反思活动体验，达到对自身课程感受和经验所进行的有意识或者无意识的再次建构 | 5分钟 |
|  | 环节二：奖励激励 | 鼓励优秀个人和优秀小组 | 综合评选出优秀个人和优秀小组 | 树立榜样 |  |

## 案例4：茶文化职业认知

### 一、活动主题的确立

本课以茶为基础、艺为形式、礼为重点，致力于提升小学生中国传统文化涵养，培养小学生的茶文化素养，让学生在熟知茶文化的同时，了解茶艺茶道对应的茶艺师职业，尊重茶艺师的劳动成果，挖掘小学生的职业兴趣，拓展小学生职业选择的多样性元素。

本活动课时为1课时，拟在五年级小学生中讲授。

### 二、学情分析

1. 班主任提前了解学生现有知识与技能。五年级学生具有一定的探究学习的能力，会根据探究的内容自主选择一些适当的探究方法，具有收集资料能力。

2. 学生对中国的茶文化有浓厚的兴趣，特别身处四川（成都）的学生对于遍布大街小巷的一些茶馆也有所接触，能够坦然地接受茶的相关知识。

3. 学生对茶文化的认识会因为年龄原因不那么深入，感悟不够透彻。因此，在学习分组的时候需要特别注意，兴趣浓厚有一定基础的同学要带动兴趣一般、没有基础的同学。课前让学生收集有关茶的资料，让学生初步感受中国茶文化，认识各种茶。

### 三、教学目标

1. 初步了解茶的相关知识，了解历史悠久的中国茶文化，热爱茶文化；初步了解和认知茶艺师职业。

2. 聆听教师的讲解以及观看茶叶、茶具的实物或者照片，激发学生对茶的兴趣；初步对茶艺、茶道有感官认知，学习茶艺师的岗位技能要求及在职业中需要展现的礼仪规范。

3. 培养小组成员间互相合作的团结精神及对中国传统文化的热爱，发掘职业兴趣，激发职业思考及职业选择的能动性，建立正确的职业选择观。

## 四、教学重难点

1. 教学重点：茶和茶文化的基础知识、茶艺师职业素养。

2. 教学难点：茶艺师的职业素养。

## 五、活动过程（见表 5-8）

**表 5-8 活动过程**

| 活动阶段 | 活动环节 | 学生任务 | 教师指导 | 设计意图 | 课时安排 |
|---|---|---|---|---|---|
| 准备阶段 | 课前收集（活动前） | 1. 了解家里哪些人要喝茶，喝的什么茶，用的什么工具？<br>2. 看看你家附近有没有茶室、茶馆等场所，里面有没有专门表演如何泡茶的？<br>3. 可以带一点家里的茶叶到学校 | 对所在地饮茶情况进行分析，初步了解茶的知识、茶艺师的职业认知，进行课前收集分析 | 学情分析的依据 | 至少活动前1天 |
| 实施阶段 | 环节一：基础认知 | 1. 激趣引人。<br>2. 茶的起源认知。<br>3. 学生亲自观察茶叶、茶具，在保障安全前提下可以让有特长的学生尝试泡一杯茶，交流泡茶中最感兴趣的环节 | 1. 通过开场引入今天的茶文化职业体验课程。<br>2. 引导学生通过茶叶、茶具实物和参与冲泡，了解茶的起源、种类，茶具等，建立学生对于茶文化的认知 | 奠定理论基础<br>1. 通过引导让学生对于茶的基础知识有良好的认知<br>2. 激发学生对于茶艺的兴趣，从而产生对职业的体验认识 | 10 分钟 |
| | 环节二：分析认识 | 小组合作，根据教师给出的“线索”，分析乌龙茶冲泡流程 | 1. 通过视频充分展示茶艺师乌龙茶冲泡的基本流程、礼仪动作规范，引导学生分组交流，归纳总结出乌龙茶冲泡的流程。<br>2. 引导学生通过视频展示的冲泡技艺，总结对茶艺师这一职业的认识，包括应具备的职业素养 | 从乌龙茶的冲泡入手，让学生了解冲泡技能，引导学生去探究茶艺师这个职业的特点，继而初步了解职业所对应的岗位基本要求 | 20 分钟 |
| | 环节三：互动交流 | 1. 模拟选择是否愿意成为一名茶艺师。<br>2. 分组交流茶艺师应该具备哪些能力。<br>3. 认识到“尊重所有职业，职业不分贵贱，都能产生不同的价值” | 1. 组织学生模拟选择是否愿意成为一名茶艺师，并说说原因。<br>2. 引导学生“尊重所有职业，职业不分贵贱，都能产生不同的价值”的正确价值观 | 通过模拟职业选择，发掘学生的职业兴趣，引导学生建立正确的职业价值观，激发学生对职业及职业选择的进一步思考 | 5 分钟 |

表5-8(续)

| 活动阶段 | 活动环节 | 学生任务 | 教师指导 | 设计意图 | 课时安排 |
| --- | --- | --- | --- | --- | --- |
| 总结分享阶段 | 环节一：反思交流 | 1. 以小组为单位，组内分享体会和感受。<br>2. 共同分享对于茶文化、茶艺的感受 | 1. 组织学生开展体验教育感受分享。<br>2. 及时对学生的分享进行反馈 | 学生自身基于组内和组间反思活动体验，达到对自身课程感受和经验所进行的有意识或者无意识的再次建构 | 5 分钟 |
| | 环节二：激励拓展 | 1. 主动参与的学生得到表扬与奖励。<br>2. 完成岗位体验的分组，主动利用课余时间收集茶叶冲泡的方法。<br>3. 尝试用简单工具给家长泡一杯茶，让爸爸妈妈说说感受。<br>4. 如果能够找到茶艺师，可以了解下从事这个职业的感受 | 1. 评选出优秀个人和优秀小组。<br>2. 发出岗位体验的邀约，适当安排拓展任务，巩固成果，承接下阶段活动 | 树立榜样，适当安排一些简单任务，让学生有亲身实践的体验，巩固职业体验的效果，也为下阶段岗位体验做好铺垫 | |

# 第六章 职业体验队伍建设

## 第一节 职业体验队伍建设的结构序列

有效开展职业体验教育，教师队伍是关键。通过深入调研，成都市统筹全市中小学校和职业院校师资，组建了职普双师团队，系统设计研训活动，培养教师推进职业体验的专业能力。中小学课后职业体验活动的实施，如义务教育课程跨学科主题学习，基于学生经验和社会生活的学科课程内容设计与实施，学生职业认知、职业意识、创新精神、职业能力的培养，如此种种都离不开教师这一关键主体的引导。

专业化师资队伍是开展职业体验教育的前提和保障，师资队伍的专职化和专业化成为必需。为此，需要在以下三方面着力：一是职业院校教师担任中小学职业体验的兼职教师，在工资待遇、绩效考核等方面给予政策支持。二是提升中小学教师的职业体验教育意识，提高职业院校教师对职业体验教育的指导能力。三是建设职业体验教师资源库，加强职业院校和普通中小学共同参与的职业体验教研和培训建设，开发线上线下培训课程，促进职业体验师资队伍的专业化发展。

### 一、策划组建队伍

以各学校自主报名、志愿招募的形式，面向全市中小学校、职业院校征集一批愿意推动职业体验教育的教师，使其成为成都市第一批职业体验导师，目前第一批种子教师有 60 名中小学校教师和 40 名职业院校教师。中小学校的种子教师以班主任、综合实践活动教师为主，除了与职业院校教师共同上好职业体验指导课外，教师们在日常的教育教学工作中也应逐步增强自己对职业体验教育的意识，为学生的生涯规划和终身发展做好专业引导。职业院校的种子教师主要是在某一行业或某种职业有精湛技艺的专业性教师，能够对中小学生予以指导。

一类群体是师资队伍。培养一支高素质的专兼职职业体验教师，是支撑高质量参与中小学“双减”活动的前提条件。首先，要及时培养适应发展需要的掌握实施能力的专业化师资队伍。职业技术师范教育在专业人才培养中，应加强职业技术教育预备师资在劳动教育、职业指导、相关课程内容与教学方法等方面能力的提升，培养适应性强的优质师资。可以聘请行业领军专家、大国工匠、劳动模范和高技能人才兼职授课，形成职业体验教师“专家团队”。其次，加强对现有专兼职教师的培训。地方教育行政部门、中小学和职业院校在推进过程中，要加强职普融通，合理规划专题培训，组织教师系统学习职业体验培训课程。通过设计具有共同教学模块、针对性强的培训活动，提升中小学、职业院校教师在的理性认识、课程规划、内容开发、教学实施、课堂观察与研究等多方面的素养和能力。最后，壮大教研队伍。教研队伍也是促进职业体验服务“双减”的重要力量，需要加强地方教科研机构、职业院校、中小学校各方面的教研队伍与教研机制建设，强化区域校本教研指导力度，增强职业院校服务“双减”的能力。

另一类群体是研究队伍。强化研究队伍建设不仅可以通过开展中小学多样化的课后服务、专业化的实践课程服务“双减”，还可以促进学科课程标准的高质量实施与跨学科课程的特色开发。因此充分发挥研究队伍对实践的引领作用，加强其研究力与指导力显得十分重要和紧迫。一方面，激发相关学校和教育科研机构工作者积极性，加强服务“双减”、服务中小学教育质量提升的科学研究，发挥理论创新研究、教育决策服务、实践指导等方面的作用。可以通过课题研究，联合职业院校、普通中小学开发职业体验服务“双减”的优质课程与教学资源。另一方面，举办职业体验助推“双减”工作的专题活动与学术论坛，通过专家指导、实践探讨，提升相关学校对服务“双减”、合作开展职业体验的管理水平。有条件的区域可以研制发布实施标准、工作指南，开展监测评估，为服务“双减”提供专业引领。

## 二、系统设计研训

组建职业体验种子教师团队后，成都市教育科学研究院系统设计了包括专题讲座、实地体验、课例观摩、交流研讨等多种形式的研训活动。2020年10月23日，成都市第三十三中学的初三学生走进成都市洞子口职业高级中学的数控实训中心，通过“车出精致小玩具”和“体验叉车驾驶”两个实践项目参与了一次体验性极强的职业体验活动。学生在总结环节纷纷表示，这是一次前所未有的真实尝试，对数控行业和物流行业有了最真实的感受。2021年，职业院校和中小学校教师共同开展了“职业体验活动准备”“职业体验现场指导”等主题研讨，教师们相互交流职业体验教育教学中的经验与问题，以经验分享、问题解决共同提升指导能力。

职业体验活动的开展提升了职业院校和普通中小学教师关于职业体验活动的认识，让大家从基本理念、课程设计、育人目标的达成等方面深刻认识到利用职业院校资源，推进中小学生职业体验的互利互赢。成都市还通过职业体验案例征集、微课资源征集等方式，为职业体验教师搭建交流平台。近年来，参与职业体验的职业院校和中小学校教师达1万余人次，他们不但有了专业技能的提升，在教育教学成果征集中也不断呈现新的成果；他们在省市级学术研究平台上多次交流发言，在国家、省、市级公开刊物上发表多篇论文，还有些教师获得了“全国模范教师”“四川省五一劳动奖章”等多项荣誉。成都汽车职业技术学校的职业体验指导教师郭金鹏2021年受邀进京参加了庆祝中国共产党建党100周年活动。

## 第二节　职业体验队伍建设的支持机制

职业体验教育开展涉及多方面、多维度的整体运行，在推进过程中应不断完善和优化支持保障机制建设，着重构建联动机制、投入机制、动力机制，促成多层次资源支持保障机制的形成与可持续发展，进一步确保职业体验教育育人功能发挥的常态化和长效化。

### 一、师资支持保障机制建设策略

一是发挥高端人才的示范引领作用。聘请高校专家、全球500强企业高管、技能大师、省市工匠等交流学习，提升职业体验教师的理论素养与实践素养。规划设计职业体验教师队伍建设标准体系框架，实施“职业体验教师培养计划”“职业体验教师素质提升计划”“职业体验名师培养计划”“职业体验教学团队培养计划”等。在成都市遴选 35 名中心组员、200 余名干教师和子教师作为主力人员，推动师资队伍水平提升。

二是搭建职普融通师资培养平台。依托职业院校“双师型”教师队伍建设，在市域层面搭建职业院校、企业、普通中小学校师资培养平台，实施职业体验师资区域联动培养方案，落实课程实施能力提升的点、线、面研训机制，全面提升职业体验教师的综合素养。成都市集聚 1 000 余名政研企、家校师资力量，开展 30 余项职业体验课题研究，建立月度教研制度，开展职普联合教研 230 余次，教师参与达 2.6 万余人次，形成了“课题研究—课堂教学研训一体”的师资培养模式。

三是建立双向畅通的协同教学机制。相对于中小学教师，职业院校教师对中小学学情了解不够深入。针对这一情况，职业院校教师和中小学教师应结合各自优势进行明确分工，职业院校教师主要负责职业体验技能教学，中小学教师负责评价管理。双方不断强化沟通研讨，及时调整优化，以实现职业体验全面记录、全过程有效管理。

四是加大职业体验师资经费投入。首先是扩充中小学职业体验的软硬件资源，支持职业体验课程开发和师资培训。如宁波市投资建成了宁波市学生职业体验拓展中心，2019 年浙江宁波市人才网公开招聘 6 名中小学生职业体验中心教师，徐州市教育局在市区建设了 4 个职业教育体验中心。其次是重视顶层规划。如江苏省出台的《关于加强中小学生职业体验教育的指导意见》，对区域内的中小学职业体验起了积极的推动作用。最后是加强制度建设。中小学生职业体验能否有序开展，取决于在制度设计上是否变零散的学校实践为制度化的有序实施。政府部门应对中小学职业体验活动予以制度上的规定，让中小学生职业体验有“制”可依。

五是健全职业体验师资激励体系。激发教师参与职业体验服务国家“双减”政策的动力，鼓励教师参与职业体验教育服务“双减”，如建立职业院校教师参与职业体验教育的工作量认定机制，工作成效纳入职称评聘、评优评先和绩效工资分配考核体系；建立职业院校学生参与职业体验教育的社会实践学分认定机制，将开展职业体验教育纳入企业社会责任考察指标。

## 二、队伍建设区域系统实践

在市域层面搭建职业体验师资培养平台，实施职业体验师资区域联动培养，建立课程实施能力提升研训机制，开展职普联动专题教研和培训，建设职普融合职业体验师资资源库。如成都市经过 7 年实践，建立了完善的职业体验师资队伍建设体系。

1. 搭建职普师资培养平台

成都市教科院在市域内通过“自主报名+学校推荐”的方式建立了覆盖全市中小学、中等职业学校的首批成都市职业体验种子教师团队，开展职普联动专题教研和培训。相关部门出台包括教育部关于印发《中小学综合实践活动课程指导纲要》的通知、成都市教育局关于印发《成都市中小学综合实践活动课程实施方案》的通知等文件，要求组织教师进行专题研讨。中小学教师根据高中、初中、小学不同学段学生的身心特点，结合职业体验对职业院校教师进行专题培训，职业院校教师则从职业体验本身出发，结合职业特点和专业特性对中小学教师进行培训，做到培训融通、资源互补。建立职业体验课程实施能力提升研训机制，定期开展职业体验课程实施能力提升研训。通过观摩参与职业体验活动，让参研教师从课程设计（基本理念、育人目标、课程内容）、课程实施（课前备学、课中导学、课后拓学）、课程评价等方面提升对职业体验课程的认识。开展职业体验活动典型案例展示，种子教师全程参与体验活动的策划设计、组织实施，切实提高其课程实施能力。建设职普融合职业体验师资资源库，做到职业体验师资建设“提质培优”。规划设计职业体验教师队伍建设标准体系框架，实施“职业体验教师培养计划”“职业体验教师素质提升计划”“职业体验名师培养计划”，全面提升职业体验师资的综合素养。

2. 建立师资运行管理机制

职业体验师资的日常组织管理，是对师资的有序使用和职业体验长效化开展的重要保障，这就需要职普学校合力形成系统化组织和规范化管理。构建初期，主要从合理性和执行性两个方面出发，建立相关制度，保障师资队伍建设的系统化实施。普通教育学校和职业教育学校可以通过联动讨论，制定职业体验教育师资管理办法，成立工作小组，明确各自的具体负责人，落实工作方案、过程管理、资源整合等工作。为实现师资队伍的长效建设，还需制定相应的监管机制和激励机制，提高教师的积极性，如对职业教育学校教师实施基地课程的工作要纳入教师年度考核或按照制度折算成相应的工作量等。在开展过程中，可通过沟通、讨论，协议制定开展方案、预案、学时评价机制，讨论确定开展流程和内容，明确双方职责，促进更加规范化的管理。如在具体职业体验教育实施中，可采取“双教师”模式，职业教育学校教师主要负责劳动教育技能的教育教学，普通教育学校教师主要负责学生的评价管理，这样既能避免课堂上老师和学生相对陌生，互动效果不好的现象，同时也能实现对学生的有效管理，及时、准确、有针对性地对学生的实践活动情况进行记录性评价。

## 第三节　职业体验队伍建设的实践案例

### 案例：职普双师授课——拆卸车轮

为推进职业体验课程落地，丰富中小学课后服务内容，将职业学校的体验课程带到普通中小学，由职业学校专业教师和普通中学的劳动教师共同实施完成职业体验教育课。

**一、联动设计课程**

首先是职业学校教师和普通学校教师根据学生年龄特征，结合职校可以提供的体验项目，商定适合的主题。以龙泉汽车职业技术学校和龙泉驿区向阳桥中学的合作为例，双方学校教师根据初中学生年龄特点，找准学生喜欢动手操作。但由于学生对汽车行业的了解非常有限，对汽车维修行业的认识也并不全面的特点，因此选择以“汽车维修初体验——车轮拆装”为体验主题。因为车轮拆装其实是很多家庭都需要的一项技能，通过这个岗位体验让学生对汽车维修行业有初步的认识和了解。

**二、协同实施课程**

双师授课既要体现两类教师的不同分工、不同专业，也要实现两者的合作沟通。经过研讨，确定职业学校教师主要负责专业技能讲解、动手操作示范，普通中学教师主要负责课堂情境引入、过程协助、总结反思等。双方在课堂进行的整体环节中有分工有合作地共同完成。

第一课时主要完成讲解说明任务。其包括主题引入、工具的认识和使用、基本操作步骤的学习，这更像职业教育学习中的理论课加上基本工具使用。其中主题引入主要由普校老师引导，让学生对岗位体验感兴趣，同时学习较为常用的技能——拆卸车轮，这也是日常生活中可能遇到的问题。工具的认识和使用由职校老师完成，主要是千斤顶的使用，让孩子们学会和初步练习，能够顺利完成千斤顶的操作和收纳。

第二课时主要是动手操作实践阶段。其包括情境导入、操作体验、总结交流三个部分。

情境导入阶段：普校教师负责，为加深同学们对职业规划重要性的理解，教师讲述了自己的求学故事，将自己求学生涯的迷茫、对未来的无知和 F1 赛车手周冠宇的人生做对比，让学生充分认识到职业体检职业认知的重要性。

操作体验阶段：职校教师负责。第一环节引出主题，教师从汽车行业的组成引出汽车维修主题，普及汽车维修工作的丰富内涵，指出其不仅仅是“修车”二字，逐步细化到具体的实践项目——车轮拆装，层层深入和落实。第二环节示范操作，教师在前置课堂已经讲解了工具的学习和使用，在此基础上梳理出拆装车轮的主要步骤。拆车轮：安装车轮挡块→放置备胎→选用工具→预松螺栓→举升车辆→拆卸螺栓→拆下车轮；装车轮：预装螺栓→预紧螺栓→下降车辆→施加力矩→恢复车轮；讲解每一个操作的注意要求及细节，引导学生关注细节、注重细节。第三环节是项目实践。学生分小组，在操作手册的指引下，辅以技能标兵，深化职普融通。以小组为单位，组内合作、组间竞争，发挥学生的主动性、积极性，引导学生在分工合作过程中完成车轮的拆装。

总结交流阶段：职普两位教师共同完成，普校教师主要引导学生充分表达体验更换车轮的收获和感悟，对于动手操作的结果主要由职校老师给予点评和指导，同时引导学生对技能的学习进行经验总结，提升合作效果。在最后的总结交流阶段，学生们表示通过本节课不仅学习到了更换车轮的技能，同时也刷新了对汽修行业的认知，对“劳动职业只有分工不同，没有高低贵贱”有了初步的感知。图 6-1 为课程实施现场图片。

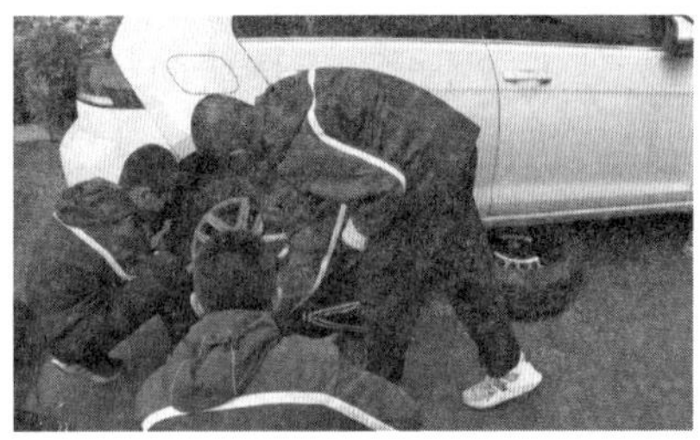

图 6-1 课程实施现场图片

## 三、系统反思总结

当职业学校教师将“拆卸车轮”课程的岗位体验送到学校之后，双方教师进行了深刻反思，对于课堂的具体实施环节进行详细复盘。再对下一步，普校学生到职业学校正式岗位车间进行具体职业体验进行了详细的设计和安排。

职普教师“双师授课”的实施，要求双方教师对前期沟通准备、具体操作实施和深度反思都做细致安排和精心准备。职普双方教师需要详细分析学情，根据学生年龄和知识基础，结合职业学校可提供的岗位综合确定体验主题，商定具体实施环节，明确双方教师分工，根据实际情况（包括职校送教到校、普校实地体验等）进行教学反思，积累经验。

# 第七章　职业体验机制建设

为促进中小学职业体验向规范化、制度化、科学化方向发展，政府部门、科研机构、职业院校、中小学校四方主体需在“职普资源共享、研究服务指导、校校课程共建”三方面通力合作。具体而言，政府部门统筹区域资源，选择优质学校试点进行区域性探索；科研机构进行专题研究，融通中小学职业体验的理论与实践，并进行有效转化；职业院校和中小学校联合开发职业体验课程、完善职业体验基地、共建职业体验师资队伍。

## 第一节　四位一体的联动机制

职业体验教育是一项系统工程，需要上下联动，内外协调，构建起政府、社会、学校、家庭四位一体的联动机制。

### 一、政府部门加大投入，完善相关制度

一是加大经费投入。扩充中小学职业体验的软硬件资源，支持职业体验课程开发和师资培训。如宁波市投资建成了宁波市学生职业体验拓展中心，2019 年宁波市人才网公开招聘 6 名中小学生职业体验中心教师，徐州市教育局在市区建设了 4 个职业教育体验中心。二是重视顶层规划。如江苏省出台的《关于加强中小学生职业体验教育的指导意见》对区域内的中小学职业体验起了积极的推动作用。三是加强制度建设。中小学生职业体验能否有序开展，取决于在制度设计上是否变零散的学校实践为制度化的有序实施。政府部门应对中小学职业体验活动予以制度上的规定，让中小学生职业体验有“制”可依。如成都市龙泉驿区配备专项资金，全域推动中小学生参加职业体验活动。2019 年，龙泉驿区教育局投入 60 万元专项资金支持成都汽车职业技术学校开发职业体验特色课程——“职业启蒙助

推人人出彩”，助力职业体验落地实施。之后每年追加 10 万元用于充实耗材、修订课程，不断完善职业体验活动体系。

为深入开展职业体验，充分发挥职业体验的育人价值，还需要在以下方面提升：

一是提高站位，深化认识。职普联动推动中小学职业体验活动实施，既是新时代深化立德树人、落实五育并举的重要举措，也是成都市为加强职教高地建设、助推全面建设践行新发展理念的公园城市示范区贡献职教力量的重要路径。区域教育行政部门要不断优化职普联动，推动中小学职业体验的顶层设计，做好组织、人员和经费保障。

二是完善机制，多元协同。市域层面，需要从基本理念、课程设计、育人目标的达成等方面，整合全市职普优质教育资源，建立推进职业体验活动的协同机制。中小学校和职业院校要结合发展现状和愿景，常态联系、多元互动、双向融合。

三是突出重点，拓宽路径。加强职业体验课程建设，从课程目标体系、课程内容框架、师资队伍培育、课程评价反馈等方面，进一步推动职普融通的职业体验向纵深发展。通过专业引领、政策研究、专题研讨、经验分享等形式，扩大职普联动，推动中小学职业体验活动的参与面和受益面，积极调动中小学校和职业院校联合开展职业体验活动的积极性，促进职业体验活动序列化、主题化、结构化实施。

## 二、健全职业体验指导机制和评价机制

既要建立中小学职业体验指导机制，从结构上保证职业体验在整个教育体系和学校教育中的重要地位，明确职业体验指导的目标、内容及参与主体的责任与义务；还要探索建立以学生综合素质评价职业体验模块的工作机制。学生评价是教育活动的重要导向，要推动中小学生职业体验工作的有效实施，需调整和完善现有的学生评价机制，将职业体验纳入评价内容，促进学生的综合素质发展，让中小学职业体验成为绿色、可持续的教育活动。

以职业院校带动区域职业体验，如彭州市以城乡学校携手并进、强弱学校抱团发展为原则，建立了 8 个职业体验联盟，覆盖全市 73 所中小学幼儿园。其中第三联盟以彭州石化工业学校为引领，带动中小学、幼儿园整体推进职业体验。在优化职业体验新布局上，彭州市根据学校实际、历史

传承、发展需求等打造“1+8+N”职业体验实践基地群，以成都石化工业学校为1个核心，以联盟为单位建立了8个校外联盟劳动实践基地，发展了N个校内外职业体验实践基地，从整体上提升了职业体验支撑保障能力。在探索职业体验新路径上，彭州市依托成都石化工业学校12个专业实训课程，逐步构建起以职业启蒙、职业体验、技能培训为主的三类职业体验综合实践课程，开设针对小学、初中、高中不同学段的学生分类分层职业体验课程，系统推进职业体验。中小学生走进职业院校实训基地，开展相关技能学习和初步体验，动手实践、出力流汗，在实地体验中感受职业精神，领悟劳动品质。目前，学校已接待彭州市中小学6 000余人参加职业体验。

### 三、整合多方资源，建立长效实施机制

一方面扩大职业体验合作范围，与职业院校的合作企业建立“中小学校、职业院校、企业”的多元主体参与机制，鼓励行业企业与中小学合作开展职业体验活动，如德国的跨企业培训中心为高中学生适应未来的工作提供培训。中小学校与企业还可在职业参观、职业体验日、职业体验夏令营等方面加强合作。另一方面重视家校合作，加强学生、教师和家长之间的沟通，丰富家长培训、家长课堂、家长学校形式，有目的、有意识地改善家长对中小学生在职业院校开展职业体验的观念和态度。

首先，立足于区域职业体验全面推进的视角，教育行政部门和教科研部门协同推进，打破“互不协同、分散运作”的职业体验资源壁垒，制定职业体验课程建设运行机制和保障机制，为学校开展职业体验课程建设提供政策导向、政策保障和专业支持。对现阶段中小学职业体验课程建设而言，需从课程的整体着眼，重点改变区域职业体验资源零散不集聚，学校职业体验课程重形式缺实质、多盲目少规划的现状，强调区域职业体验资源整合的课程建设思路。区域推进应是以区域教育行政部门作为重要主体，区域整体统筹规划资源，重点保障课程和基地建设；区域教育科研部门为推进过程中的协同主体，从教育科研的视角助推具有校本特色的中小学职业体验课程建设，以解决当下中小学职业体验课程资源集聚效应不凸显、课程结构离散、课程实质偏失、课程开展缺规划等问题。从管理转向治理，澄清与转变职业体验课程理念，强化课程建设实践主体的职业体验课程意识。学校职业体验课程体系在构建过程中，很容易受到主观理念的

影响，以最基本的职业体验内容和形式为基础，构建职业体验课程体系。如学校一定要有种植园地，才能开发种植类的课程，才能开展生产劳动。基于此，需要澄清与转变职业体验课程理念，教育行政部门应重点着力于学校的决策层，开展学校职业体验专题交流会、分享会等，请校长或是分管副校长介绍学校职业体验的具体情况，以交流与分享推进学校对职业体验课程建设的认识，实现学校发展过程中的职业体验课程建设理念的转变。其次，教师既是课程体系的设计者，也是课程实施的参与者，教育科研部门需要制定系列化的职业体验培训方案，对区域职业体验专兼职教师开展职业体验理论培训，澄清与转变教师的职业体验理念。如成都市金牛区开展职业体验教师教学设计系列展示活动，从职业体验相关文件解读、教师教学设计专题培训、学校职业体验资源整合等方面，采取实践与培训相结合的形式，实现教师对职业体验理念和职业体验课程理念的转变。

从区域推进的角度，其内部隐含着区域不同层面推进的职责和权力，需要划分清晰参与职业体验课程建设的各部门的职权范围和职责边界，实现职业体验课程建设过程中各部门的主动作为和精准发力。为此，教育行政部门作为区域推进的主体，在推进职业体验课程建设中，应根据职业体验的本质内涵和学校学生的实际需求，结合教育系统各部门的工作职责，发挥统筹作用，制定区域职业体验课程建设的整体实施方案。从教育行政层面，成立职业体验课程建设的工作机构，明确机构的具体职责、任务等，同时需制定职业体验课程建设指导意见和配套若干政策，优化和调整部门职责，形成有效合力。如成都市金牛区印发《成都市金牛区教育局关于深入开展劳动教育实践活动的实施方案》，成立了金牛区学生职业体验中心和学生职业体验联盟。从教育科研层面，教育科研部门主要负责职业体验政策的专业咨询、协助完成区域实施方案、指导学校完成职业体验课程体系建设和校本实施、提升区域教师职业体验专业水平。如金牛区在开展全区学校职业体验课程建设调研过程中，重点对学校特色课程进行专项指导，成都石笋街小学将办学理念（和而不同，各美其美）与职业体验课程建设相结合，突出展现职业体验学科融合课程。从学校实践层面，学校明确与校本理念相结合的职业体验课程目标，整合学校自身的职业体验资源，加强与社会资源的联通，架构课程内容，不断探索职业体验实施方式。如成都市金牛区全兴小学，结合学校自身职业体验资源开设了田园职业体验课程，采取田园运动会的形式开展职业体验活动。

对中小学的实践育人路径，职业院校可从三方面对其加强：一是开放教育资源。在职普融通背景下，让中小学生在职业院校现场感受实训中心体现出的企业文化、职业文化、工匠文化，通过职业陶冶引导中小学生了解职业教育，形成对职业的直观认识，帮助学生树立正确的职业观、劳动观，促进学生的全面发展。二是开发系列课程。凯兴斯泰纳的“劳作学校”从小学一年级就开始进行职业教育，着手培养和训练学生适应社会发展的应变能力和手工技巧。凯兴斯泰纳认为“公立学校的首要任务和最紧迫的任务就是要发展职业教育，或者说是就业前的准备教育”。应在中小学阶段倡导手工劳作课，把与生活有关的实践活动和实际操作的手工技巧纳入不同年级学生的课堂中，在课程中养成正确的职业态度和劳动态度。三是开展职业体验。职业体验是了解职业的重要途径，是促进职普融通、落实职业体验教育的必要支撑。在职业体验馆开展职业模拟活动和基地实践活动，对学生按职业、行业或工种开展职业体验，能够让中小学生在真实情境中学习和动手实践，亲身体验工作的精细化要求，感悟劳动者的敬业精神和职业教育蕴含的工匠精神，在劳动体验中培养学生实践创新的意识和能力。

## 第二节　多方协同的共享机制

我国职业体验教育进入系统化、制度化的发展阶段并不长，实践推进中还面临诸多挑战，职业体验服务“双减”政策的价值也容易被误解、被忽略。为充分发挥职业体验教育服务“双减”政策的个体价值、工具价值和社会价值，需要多方协作、系统设计，为职业体验教育的实施保驾护航。可以通过加强课程资源建设、基地建设完善职业体验教育服务“双减”政策的支持体系。

### 一、建立优势资源联动机制

优质的在线职业体验课程资源，可以通过共享优质教育资源，发挥缩小城乡教育差距、促进教育公平的作用。可建立“政行企校研”联动机制，探索建立区域共建共享平台，合作开发优质职业体验在线精品课程、网络教学资源，为职业体验服务“双减”政策提供全天候的优质资源支持。例如，成都市统筹成都数字学校等在线教育资源，开设课程直播，从知识、能力与素养等层面构建了覆盖语文、数学、英语等学科，以及国学、人工智能、职业体验、户外运动等拓展课程的优质直播资源体系，为中小学课后服务、周末服务提供了高质量的学习资源。其中，以职业教育教师为开发主体的职业体验课程，设置了覆盖社会主义核心价值观、中国学生核心素养在内的财经素养和礼仪素养专题内容，也开展了以覆盖汽车、航空、物流、旅游、烹饪知识、导游服务知识、平面设计知识、公众号文档编排知识、摄影知识等为核心的职业能力课程直播，以公益、优质的数字教育资源和高品质在线学习立体环境服务全市中小学“双减”落实。

以发挥优势特长实现多方的协同联动。学校职业体验课程体系建设的关键在于学校自身的主观能动性和创新能力的展现，既要实现课程建设的主动作为，还要凸显学校课程内容和实践形式的特色化表达。从学校职业体验整体着眼，需要教育行政部门、学校、教育科研部门，相对独立又彼此关联密切的三者协同联动，采取行政推进课程建设、学校构建课程体系、教研助力课程建设，不断趋于科学化、系统化、合理化、实用化，充分发挥课程的育人功能。教育行政部门重点采取行政推进，本着区域整体职业体验课程建设的大格局，坚持政策导向、统筹资源、加强规划、保障到位等理念，以区域性统筹支持为策略，着力于推进学校职业体验课程建设；学校根据自身办学理念和育人方式等，融合职业体验与现有课程体系，挖掘学校优势职业体验资源，实践于融合与特色的学校职业体验课程体系构建；教育科研部门发挥专业优势，在学校职业体验课程开发中体现职业体验学科素养、实施中确保凸显职业体验本质特征、评价中实现职业体验育人价值等方面，助力于区域推进职业体验课程建设和学校职业体验课程体系构建。

## 二、健全多方协同实施机制

建设一批管理规范、资源丰富、安全可靠的职业体验教育基地，有助于消弭中小学校师生和家长的担忧，为职业体验教育服务“双减”政策提供专业化的场地。地方政府可坚持体验性、示范性原则，以职业院校和行业领军企业为重点，培植一批中小学职业体验教育基地。职业体验教育基地应按照适应的学段精心设计课程模块，为中小学生开辟实践专区、开放设施设备，配备专业的指导教师。职业体验课程资源开放、实践基地建设、课题研究、师资培养等多方面均需要相关主管部门予以专项资金保障，加强经费投入也是极为必要的。

增强职业体验课程建设的专业性，实现课程体系化建设，能有效解决学校职业体验开展过程中重形式缺实质和多盲目少规划的问题。从区域整体视角来看，职业体验课程建设的有效推进，需从课程建设的专业指导和长效推进等方面加强。

一方面，建立职业体验课程建设的专业指导机制。教育行政部门整合职业体验与课程建设的专家资源，成立工作团队，拟定工作目标和要求，加强职业体验教育课程建设的长期跟踪指导。同时，联合督导部门加强对学校职业体验评价体系的探索，发挥评价“指挥棒”作用，确保职业体验的育人导向。金牛区从学校整体育人水平角度，将学校职业体验的评价纳入学校年度整体评价指标，侧重于对学校职业体验课程建设的评价。教育科研部门从课程建设角度，总结区域内成功经验、典型案例，为学校提供借鉴和学习范例；加强对各学校职业体验课程建设的个性化指导，为学校提供针对性强、符合学校发展实际、发挥学校优势资源的建议，深度推进学校职业体验课程建设的步伐；采取任务完成与阶段交流的形式，对学校职业体验课程建设情况进行问题反馈和阶段评价，有效提升课程建设过程中的实效。如成都市金牛区在职业体验课程建设中，加强对学校特色课程的跟踪培育，同时依托四川省教育科研重大课题“全面培养的城区职业体验课程基地群建设研究”，定期召开课程建设专题会议，引进专家资源进行“一对一”课程建设阶段“诊断”，并指导学校更加科学地开展职业体验课程建设。

另一方面，完善职业体验课程建设的长效推进机制。首先，建立经费专项投入长效机制。教育行政部门根据区域学校职业体验课程建设的情况，通过统筹试点项目与配套项目的专项经费，推进试点学校与教师配套培训项目的开展，满足学校和教师在职业体验课程建设上的个性发展，金牛区为区域职业体验试点学校制定了专项经费保障制度，确保试点学校职业体验经费的专项投入。其次，建立个体的利益激励长效机制。区域视角下的学校职业体验课程建设，更加需要教育行政部门关注学校开展职业体验课程建设的利益诉求。为此，教育行政部门需建立利益激励长效机制，不断激发和调动学校参与的积极性和主动性，如成都市金牛区每年采取自主申报、集中评选的形式，坚持“有降有升”的“职业体验星级学校”评选，评选“三、四、五”星职业体验学校，实现了利益激励长效的效果。

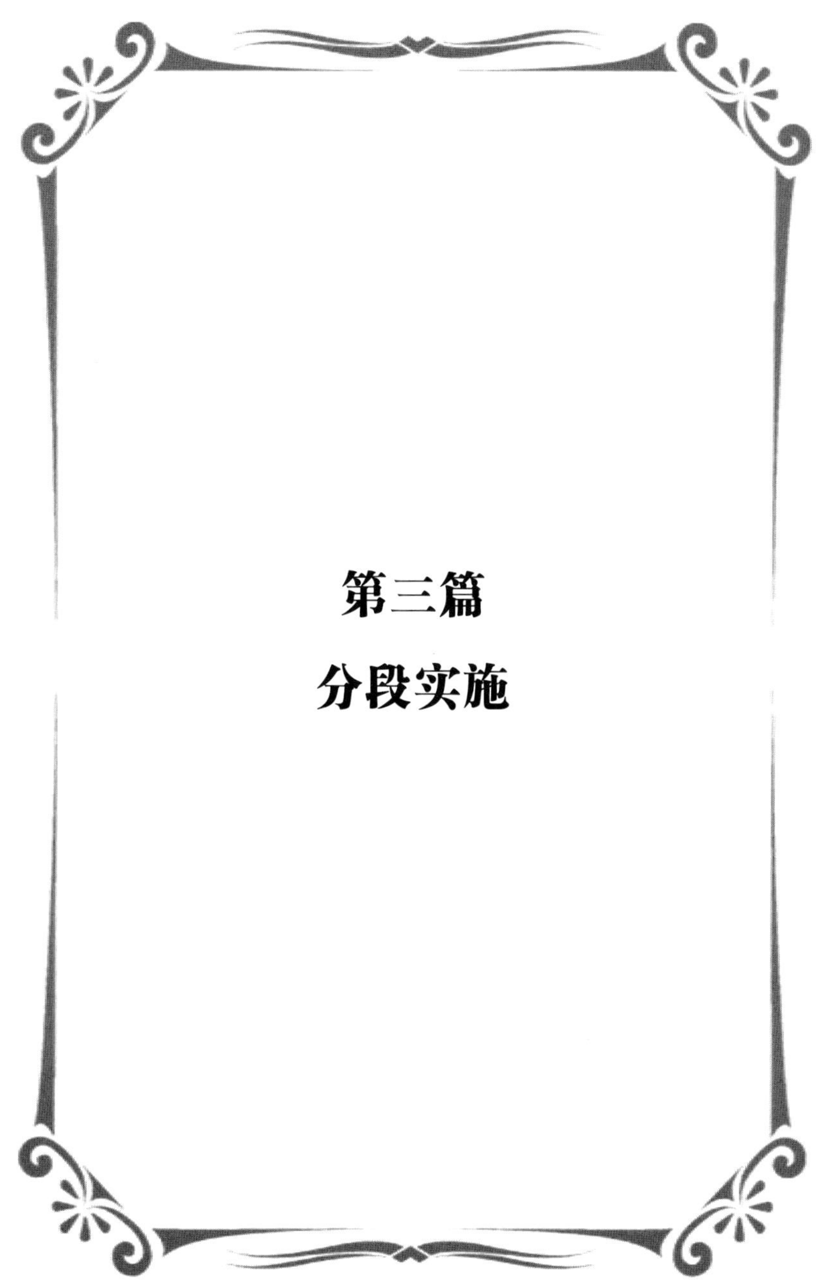

# 第三篇

# 分段实施

# 第八章　小学阶段职业体验活动方案

## 第一节　“我为中粮代言”职业体验活动方案[①]

### 一、活动背景

新津作为成都的南大门，有着独特的地理位置和广阔的土地。其中，新津的工业园区总规划面积21.5平方千米，园区里已集中了各式各样的企业216户，可以说是一个经济圈的缩影。而学校刚好位于整个园区的南面，面对这样得天独厚的地域资源——集中各行各业的工业园区，萌发了就地取材让学生们去园区里感受企业的文化的想法，让学生能独立思考、标新立异，大胆提出自己的新观点、新思想。学生在学习的过程中感受企业文化，初步建立建设家乡的社会责任感，增强学生的担当意识。

### 二、学情分析

参加活动的学生为小学阶段学生代表，已经学过《我爱家乡的杨梅》《美丽的小兴安岭》《富饶的西沙群岛》等课文，这些课文都在引导学生去发现家乡的美、热爱家乡，为家乡的发展付出一己之力。

在初次感受这些对家乡的情感教育的基础上，学生们都知道要热爱自己的家乡，但是不知道该怎么做，应该采取哪些行动，而这次的综合实践活动正好引导学生去找寻答案。让学生先了解家乡的基本情况、了解家乡的发展，才能触发其热爱家乡的情感。

① 本案例由成都市新津区教科院樊艳丽提供。

## 三、活动目标

1. 让学生初步了解中粮集团的基本情况，了解工厂种植养殖→运输→加工→销售的整个流程。

2. 让学生将自己的收获辐射到周围的人，向自己的家人、朋友宣传“爱粮、惜粮”。

3. 培养学生自主发现问题、提出问题能力，形成探究思路，通过合作、交流讨论、动手操作，提升其解决问题的能力。

4. 让学生以“我为中粮代言”为题设计宣传语、宣传画。

## 四、活动过程

（一）准备阶段

1. 开展综合实践之前，由家长协助学生查阅收集中粮集团的企业概况，准备笔记本、资料夹、相机。

2. 教师在活动开展之前，实地考察，整理注意事项，做好时间安排、资料准备等相关工作。

（二）实践阶段

1. 活动时间：半天。

2. 活动地点：中粮（成都）粮油工业有限公司。

3. 参加人员：教师及小学生代表、社区居民代表、种粮农户代表、储粮企业代表。

4. 行程安排

（1）14：00—14：20　粮油专家现场普及粮食安全科普知识、粮油储藏知识及营养健康消费知识等。

（2）14：25—14：45　参观展厅、安全警示室。

（3）14：50—15：05　参观大米厂（成都产业园大米厂整体情况介绍）。

（4）15：10—15：20　参观铁路专用线（成都产业园铁路专用线整体情况介绍）。

（5）15：25—17：00　参观面粉厂（成都产业园面粉厂整体情况介绍，了解面条的制作过程）。

### （三）总结阶段

1. 小组活动展示（小组讨论后完成小组活动记录表），见表 8-1。

**表 8-1　小组活动展示**

| 活动主题 | |
|---|---|
| 小组成员 | |
| 活动内容 | |
| 收获 | |
| 活动感悟 | |
| 自我评价 | |
| 教师评价 | |

2. 展示“我为中粮代言”为主题的宣传画、宣传语

## 五、评价

1. 你在这次活动中的表现如何（满分 5 星）？见表 8-2。

**表 8-2　活动评价**

| 自我评价 | |
|---|---|
| 组员评价 | |
| 老师评价 | |

2. 收获与总结

你在调查探究过程中遇到的主要困难是什么，你又是怎样解决的呢？本次活动带给你哪些收获呢？给大家谈谈吧。见表 8-3。

**表 8-3　收获收得**

| |
|---|
| |

## 第二节 “我是小小菜农”职业体验活动方案①

### 一、活动背景

为了培养学生正确的劳动观念，养成良好的劳动习惯，掌握基本的劳动技能，组织学生开展蔬菜种植体验活动。在老师的带领下，以小组为单位进行翻地、施肥、播种、栽苗、浇水等操作，种植了西红柿、辣椒、茄子等蔬菜。

### 二、学情分析

六年级学生在科学课上已经学习了植物的发芽等知识，但缺乏对植物发芽更深层次的了解，更没有掌握从种植到发芽整个过程所涉及的劳作技能，集体活动中的责任感也需要加强。

### 三、活动目标

1. 了解菜农的工作情况。
2. 体验菜农工作的艰辛。
3. 体验、探究菜农工作的价值，并使之内化为价值观。

### 四、活动过程

（一）准备阶段

1. 情境导入

同学们每天都吃的蔬菜，你们见过它们还在藤秧上挂着的样子吗？你们有没有亲手种植过一种蔬菜呢？今天就让我们先看看蔬菜是怎么种的。

2. 视频演示

通过视频展示蔬菜的种植过程，激发学生的参与兴趣，也从侧面向学生展示菜农的辛苦，一切来之不易，教育学生要爱惜食物。

小组商量：我们要选定什么种子呢？用 √ 选出你的答案（西红柿/辣

① 本案例由金堂县土桥镇第二小学校戚航提供。

椒/茄子）。

（二）实施阶段

1. 农具探秘

向学生展示各种农具实物的样式、形状、作用，由教师示范使用方法，并向学生告知使用农具过程中可能存在的风险，强调安全使用农具。

2. 走近菜农

分组进行围篱笆、圈地。让孩子们利用综合实践活动课及课余时间，在老师的带领下，以小组为单位进行翻地、施肥、播种、栽苗、浇水等。

3. 撰写日志（见表 8-4）

**表 8-4　撰写日志**

| 我们小组种植的蔬菜是________ | | | | | |
|---|---|---|---|---|---|
| 项目（负责人） | 周一 | 周二 | 周三 | 周四 | 周五 |
| 浇水（庄强） | | | | | |
| 施肥（付艳茹） | | | | | |
| 除虫（周天宇） | | | | | |
| 巡查（万玲丽） | | | | | |
| 篱笆维护（钟豪） | | | | | |

（三）总结阶段

1. 分享收获

当蔬菜成熟之后，在老师的带领下进行采摘活动，并做汇报。

例：×××组小组汇报。

我们是第________小组，我是组长________。

我们小组种植的蔬菜是________，我们选用的农具有________。

我们一共种植了________天，其中浇水________次，施肥________次，除虫________次，巡查________次，篱笆维护________次。

2. 小组讨论

（1）在这次活动中，你学会了使用什么农具呢？

（2）你认为你此次最大的收获是什么？

（3）你觉得菜农伯伯的辛苦之处都有哪些？

（4）在生活中你应该注意什么？

## 五、评价（见表 8–5）

表 8–5 评价

| 评价项目 | 评价要点 | 评价结果 |
|---|---|---|
| 农具探秘 | 1. 对农具的认知程度<br>2. 对农具使用方法的掌握 | |
| 走进生活 | 1. 认真程度<br>2. 责任心 | |
| 菜农日志 | 1. 操作规范程度<br>2. 对日志是否认真如实记录 | |
| 分享收获 | 1. 语言描述完整度<br>2. 蔬菜收获的数量 | |
| 小组讨论 | 参与度 | |

# 第三节 “我是小小快递员”职业体验活动方案①

## 一、活动背景

新型冠状病毒疫情时期，整个国家似乎都按下了慢进键，我们足不出户，为了能够保障我们生活正常运转，有这样一群可亲可敬的人起到了至关重要的作用，他们就是快递员。本节综合实践活动课程就让同学们走进快递员的工作，进行一次有趣的职业体验之旅。

## 二、活动设计思路

活动方式。首先是同学们探究和发现快递流程，“填单→包装→运输→分拣→配送”五个主要组成部分。其次是小组合作，6 个小组成立 6 家快递公司，讨论出自己公司的名字，装饰好带有快递名字的快递服。再次分

① 本案例由简阳市华西学校刘欢欢提供。

发快递单号，可以进行电子填单和手写寄件。接着根据每组任务的快递信息，选择包装材料，进行快递包装，小组合作完成；运输过程，设置多个路况情境，假设遇到颠簸路段快递掉落，进行小组开箱检查快递物品是否完好无损；分拣过程，可以通过视频介绍，了解现代智能机器人“小红人”如何进行智能分拣，将快递精准迅速分拣到目的地。最后是配送过程，设置三个不同的情境：客户在家、客户不在家、快递未及时配送，小组选择一种情境进行演练，感悟快递员应有的专业职业态度。

## 三、学情分析

小学五年级的学生有一定的社会生活经历，无论是家人或是自己，都经历过取过快递的过程，也目睹亲友或自己亲自拆过快递，殊不知小小的包裹要经历这么多“周折”才能到达我们手中。物品是如何来到我们的身边是值得同学们思考并解决的问题，了解快递员背后的辛苦与劳动之光，是培养学生在合作实践中发现并解决问题的有效途径。

## 四、活动目标

1. 感受快递员这个职业的艰辛与不易，快递员和所有为生活打拼的人一样值得被全社会尊重。

2. 体验快递员工作，感受快递员的职业担当。

3. 发现快递工作中的问题，并能够初步解决。

4. 通过小组讨论、快递公司成立、动手操作快递拆装、分拣配送快递等环节，初步掌握快递员的工作流程，感知快递员工作的辛苦，尊重他人的劳动成果，在学习和生活中积极动手动脑，踏实认真走好每一步。建立起社会公众与快递行业间的情感连接，形成全社会理解、支持、关爱快递员的良好氛围。

## 五、活动过程（见表 8-6）

表 8-6　活动过程

| 教学阶段 | 教师活动 | 学生活动 | 设计意图 |
| --- | --- | --- | --- |
| 准备阶段 | 播放新冠疫情期间支援武汉的物流运输视频 | 观看视频并思考看到了什么？谈谈对快递员的了解 | 感知疫情期间快递员的重要作用，初步认识快递员的职业 |
| | 播放快递公司的运营流程视频 | 观看并总结快递运营过程的各环节 | 激发学生对快递员这个职业产生兴趣 |
| 实施阶段 | 环节一：引导学生分组分别成立快递公司 | 6个小组讨论自己的快递公司名称，并制作名称牌；快递员服装贴上×××快递公司名称。分别上台展示自己公司的名称，还要说说自家公司的服务宗旨 | 让学生更快融入快递员的职业，为后面的职业体验做好准备，具有仪式感 |
| | 环节二：播放语音“你有新的订单”。分别给每组下发不同客户的寄件信息，包括收寄件人地址、电话和要寄出的物品 | 根据信息单填写寄件快递单。根据自己组分到的物品，小组合作讨论选择合适的包装材料。按照讨论结果小组合作完成包装。例如，第 6 小组的任务是需要寄出一盒鸡蛋，小组要讨论的重点是如何包装才能使鸡蛋不损坏。第 5 小组的任务是需要寄出一件衣服，小组要有环保及节约的意识，讨论使用袋子还是纸盒包装 | 通过小组讨论探究包装材料、小组合作完成包装的实践，突出本次快递员职业体验的实践性和教育性，突出“以学生为主体”的实践要素 |
| | 环节三：提问，快递在运输过程中可能会遇到哪些路况？学生们假设自己是运输车，随着音乐带领同学“运输”快递 | 随着开车的音乐，6 个组组长运输快递。听到急刹车的音乐，立刻停止，有些快递掉落；遇到颠簸路况，快递在手中大幅摇晃。音乐停止，开箱检查包装盒里的物品是否完好。分别介绍保护快递的经验 | 路况千万条，安全第一条。在保证快递完好的情况下，要保证快递员自身安全 |

表8-6(续)

| 教学阶段 | 教师活动 | 学生活动 | 设计意图 |
| --- | --- | --- | --- |
| 实施阶段 | 环节四：提问，为什么要进行分拣。播放“中国故事”分拣视频 | 了解分拣是精准到达目的地的前提，智能机器人“小红人”进行分拣，在智能系统的调度下，无论多忙碌，都不会撞车。这将大幅减轻快递员的工作量 | 了解分拣的作用和信息智能技术在快递行业的运用 |
| | 环节五：在配送过程中，设置三个不同情境：客户在家、客户不在家和快递员未及时配送，让“小小快递员”想办法解决 | 小组选择一种情境讨论解决方法，并一人扮演客户，一人扮演快递员演示解决的过程 | 具备良好专业的服务态度是快递员应有的职业准则，在服务时要征询客户意愿，如何放置快递 |
| 总结阶段 | 展示中国最美快递员——汪勇，介绍汪勇在武汉疫情期间冒死给医护人员送医护用品的事迹。延伸像汪勇这样的劳动者还有很多，都在默默奉献着，他们是最美劳动者，每个人都了不起 | 谈谈这节课的收获，对实践创造美好的感悟 | 感受快递员的艰辛与伟大，快递员和所有为生活打拼的人一样值得被全社会尊重。劳动创造幸福 |

## 六、活动评价（见表 8-7）

**表 8-7 活动评价**

| 评价项目 | 评价要点 | 评价结果 |
| --- | --- | --- |
| 活动表现 | 自信大胆地向同学介绍自家快递公司。<br>热情主动地与客户沟通，配送快递。<br>准确耐心填单 | 因为快递员这个职业对于学生来说比较熟悉，所以学生实践起来有浓厚的兴趣，表现积极。<br>得星数： |
| 活动能力 | 创新公司名牌。<br>动手制作包装物品能力。<br>小组团结协作能力。<br>与客户沟通能力。<br>专业知识能力，熟知快递流程各环节及快递员需要做的事 | 同学们具有一定的创新能力、动手能力、小组协作能力、沟通能力，由于社会经验不足，学生对快递流程及快递员每个环节需要做的事需要教师引导，对科技发展在快递中的运用需要拓展。<br>得星数： |

表8-7（续）

| 评价项目 | 评价要点 | 评价结果 |
| --- | --- | --- |
| 活动结果 | 了解快递各个环节快递员的工作职责。<br>感知快递员工作的辛苦与担当。<br>具有较好的实践操作能力 | 同学们通过体验快递员这个职业的课程，掌握了快递流程各环节和快递员在每个环节需要做的事，懂得了快递员工作背后的辛苦与责任，感悟到了每个劳动者的伟大。<br>得星数： |

## 第四节 “我是小小考古学家”职业体验活动方案①

### 一、活动背景

三星堆遗址和金沙遗址被誉为“20 世纪和 21 世纪人类最伟大的考古发现之一”。国家文物局发布消息，重启挖掘的三星堆遗址“上新”6 个祭祀坑，出土了神秘金面具、大量精美青铜器等 500 多件重要文物，吸引着世人的注意，也聚焦了孩子们的目光。

五年级的小学生大多处于职业幻想期，他们对考古探险这类充满神秘感的工作充满好奇心，对于自己觉得好玩和喜爱的职业充满幻想并想要进行模仿。学生们作为蜀国儿女，应传承古蜀文化。探秘古蜀文化，激发孩子对天府文化发自内心的尊崇与热爱，传承民族精髓，不断滋养孩子的家国情怀与人文素养很有必要。

### 二、学情分析

五年级的学生具备一定的自我管理、合作探究能力，能在老师的引导下积极地开展体验学习，也较容易操作，但学生对整个活动过程的认识还不够系统，对于活动每个细节还需要教师耐心引导。同学们在观看了《我在故宫修文物》《博物馆奇妙夜》《国家宝藏》等考古相关影视后，求知心和探索欲极大，提出了自己感兴趣的问题（见图 8-1、表 8-8）：

---

① 本案例由成都市泡桐树小学（天府校区）周丹提供。

图 8-1 感兴趣的问题

表 8-8 感兴趣问题汇总

| 提出的问题 |
| --- |
| 考古对人类有何意义? |
| 如何成为考古学家? |
| 考古具体有哪些工作? |
| 文物是怎么被发现的? |
| 如何推断出土文物的年份? |
| 怎样挖掘文物而不使文物受损? |
| 怎样修补文物? |

这个年龄阶段的学生对于自己觉得好玩和喜爱的职业充满幻想并想要进行模仿，为了能让学生的问题得到解决，让学生获得对考古职业的体验，加深对考古职业的理解，我们班组织开展“我是小小考古学家”职业体验综合实践活动课程。

## 三、活动目标

1. 了解考古职业的工作环境与价值，体会考古行业的不易，形成积极的劳动观念和态度。

2. 强化自我管理意识，养成合作的品质，形成尊重考古工作者、保护文物的态度。

3. 学会自主提出自己感兴趣的职业问题，在考古职业体验中围绕问题开展探究，形成对问题的初步解释。

4. 初步掌握考古的一些简单的基本技能和挖掘方法，学会使用一些最基本的考古工具和仪器，运用该职业基本技能，获得简单的职业工作成果，培养实践创新意识。

## 四、活动过程（见表 8–9）

表 8–9　活动过程

| 教学阶段 | 教师活动 | 学生活动 | 设计意图 |
|---|---|---|---|
| 准备阶段 | 1. 了解学生。了解学生的知识基础和知识结构、兴趣爱好和发展需要。<br>2. 调查课程资源。地域资源、家长资源、场馆资源。<br>3. 指导搜集资料、合理分组、问题和信息的整理。指导活动主题、方案设计。<br>4. 联系场地和岗位。三星堆遗址博物馆、金沙遗址博物馆青少年教育体验区、四川省博物院文物保护修复中心、成都博物院文物保护与修复中心。<br>5. 引导合理分工 | 1. 提出问题。提出自己的想法和对考古职业的问题。<br>2. 搜集资料，前期调查分析。到图书馆或上互联网搜集资料。<br>3. 成立小组。自由组合，成立活动小组。<br>4. 分组研讨。梳理问题，整理信息。拟定活动主题和计划。<br>5. 设计职业情境，拟定活动方案。设计活动内容和方案。<br>6. 小组分工 | 培养学生发现问题及思考能力，培养学生自主合作、搜集整理问题的能力 |
| 前置课程 | 1. 考古工作背景资料补充介绍。播放考古发现类纪录片《再探三星堆》《中国考古揭秘》给学生观看。<br>2. 指导合作研讨，指导修改活动方案。<br>3. 发放职业体验记录单、任务单、评价单。<br>4. 行前培训。体验式学习培训，学习安全礼仪注意事项 | 1. 汇报、分享资料。考古职业信息资料的汇报和分享。<br>2. 汇报小组活动方案。<br>3. 观看考古纪录片。<br>4. 修改小组活动方案。各小组之间提出宝贵意见，然后各组进行修改。<br>5. 选择职业情境和想要体验的岗位（文物发掘、文物修复等）。<br>6. 明确任务和要求。阅读职业体验记录单、任务单、评价单，明确任务和要求 | 培养学生自主合作、整合整理问题和信息的能力 |

表8-9(续)

| 教学阶段 | 教师活动 | 学生活动 | 设计意图 |
| --- | --- | --- | --- |
| 实施阶段 | 1. 引导学生实地参观，讲解知识。鼓励学生采用多种方式进行观察记录。<br>2. 引导学生体验考古。<br>3. 组织学生开展问题讨论，进行合作探究，初步解决问题。<br>4. 价值引导，引导学生开展有关职业的反思研讨 | 1. 对考古与工作的观察与学习。<br>①通过观察、访谈初步了解考古工作的基本情况。例如，走进挖掘现场和文物修复中心，了解文物发掘工作（流程：调查→记录→清理→采集），文物修复工作（技术分类：古建筑维修技术、青铜器的修复技术、字画装裱技术、文物传拓技术等）。<br>②进行观察记录（拍照、文字、录音等），记录观察过程中的认识、发现的问题、体会、反思等。填写观察记录表。<br>2. 实际岗位演练、亲身体验。<br>（1）模拟考古：金沙遗址博物馆青少年教育体验区。<br>①学习考古方法。走进青少年教育体验区，学习“探方发掘法”，学习简单地利用土层线判断文物历史年代的方法。学用考古工具。学习使用挖掘、清理文物的工具。<br>②实际操作，模拟考古。<br>（2）文物修复：四川省博物院文物保护修复中心、成都博物院文物保护与修复中心。<br>①走进文物修复中心，学习文物保存办法。<br>②实际操作，模拟保存。<br>3. 自主合作探究，初步解决问题。初步解决了前面提出的有关考古职业相关的问题 | 1. 在职业体验中围绕问题开展探究，形成对问题的初步解释。<br>2. 初步掌握该职业的一些简单的基本技能，学会使用一些最基本的职业工具和仪器，运用简单的考古和文物修复保存方法进行模拟操作 |

表8-9(续)

| 教学阶段 | 教师活动 | 学生活动 | 设计意图 |
| --- | --- | --- | --- |
| 总结阶段（一） | 1. 引导学生整理资料，展示成果。<br>2. 组间交流。鼓励学生提出疑问与建议。同时，小组之间进行互动交流，让学生学习其他小组的成果，了解其他职业的基本特点，开阔视野。<br>3. 帮助学生进行活动总结，指导撰写职业体验活动总结报告。<br>4. 引导再生问题 | 1. 整理资料。每个学生整理好个人材料，并由小组长对小组成员的材料汇总分类整理，分为文字类和实物类等。<br>2. 组间交流。各小组之间进行初步交流与沟通后，学生交流小组体验的主题、过程及在职业体验过程中的情感体验。<br>3. 解决问题。活动前的问题得到了解决，如考古工作有哪些？（了解文物发掘工作，流程：调查→记录→清理→采集），文物修复工作（技术分类：古建筑维修技术、青铜器的修复技术、字画装裱技术、文物传拓技术等），考古需要哪些工具（刷子、铲子、测量工具等）。<br>4. 展示成果。展示方式多样：现场演示、交流演讲、制作活动手册等。撰写职业体验活动总结报告。活动结束后，小组成员讨论活动收获，拟写活动成果。<br>5. 再生问题，搜集整理 | 通过总结反思，加深对职业角色和职业生活的理解和认识 |

表8-9(续)

| 教学阶段 | 教师活动 | 学生活动 | 设计意图 |
| --- | --- | --- | --- |
| 总结阶段（二） | 1. 关注学生对考古职业体验活动前和活动后的态度和认知的一些变化。引导形成对考古职业的正确认识，树立正确的劳动观念和职业观念。<br>2. 引导学生在日常生活中尊重考古工作，尊重劳动，认识到“职业没有高低贵贱之分”。<br>3. 引导学生应用所学进行制作。<br>4. 引导问题解决 | 1. 形成对考古职业的正确认识。活动前很多孩子认为考古工作神秘新奇好玩，通过活动很多孩子改变了观念，原来考古工作很辛苦，大部分时间都在田野工作，风吹日晒需要耐力和定力。另外，考古还需要学习各种专业知识，语文、数学、科学等学科都要涉及。<br>2. 行动应用：在日常生活中尊重考古工作，尊重劳动，认识到职业没有高低贵贱之分。<br>3. 行动应用：走进三星堆博物馆制作体验区。利用前三次活动所学，带上再生问题走进三星堆。制作文物拓片、特色泥塑和青铜器铸造。<br>4. 小组讨论，解决再生问题。<br>5. 传承天府文化。孩子们领略了古蜀文化的精髓，激发了其对天府文化的热爱之情，有助于天府文化的传承 | 引导学生提炼概括出在体验活动中获得的经验，然后对这些经验在学习和生活中进一步应用。形成正确的劳动观念，同时也要将岗位体验活动与自己的学习、生活结合思考，树立正确的人生志向 |

## 五、评价

“我是小小考古学家”职业体验综合实践活动课程记录表（见表8-10）。

**表8-10 活动记录**

| 班级 | | 姓名 | | 学号 | |
| --- | --- | --- | --- | --- | --- |
| 职场名称 | | | 体验时间 | | |
| 小组成员 | | | 家长志愿者 | | |
| 体验内容（观察、交流、访谈） | | | | | |
| 体验过程中发现问题、解决问题的过程 | | | | | |

表8-10(续)

| 体验感言<br>（体会及收获） | | | |
|---|---|---|---|
| 现场留影 | | | |
| 职场评价<br>（组员相互评价） | | 现场签字<br>（盖章） | |

备注：用A3纸打印，各组填写一张，活动结束交班主任处。

“我是小小考古学家”职业体验综合实践活动课程过程性评价表（见表8-11）。

**表8-11　过程评价**

| 职场名称 | | | 班级 | | |
|---|---|---|---|---|---|
| 组别 | 第____组 | 家长负责人 | | | |
| 家长志愿者 | | | 领队老师 | | |
| 序号 | 组员 | 纪律 | 观察、提问、交流、访谈、合作 | 感想 | 总评 |
| 1 | | | | | |
| 2 | | | | | |
| 3 | | | | | |

备注：

1. 纪律指整个活动过程中，孩子们是否遵守指挥，文明处理遇到的各种事情。
2. 观察、交流、访谈指完成任务的表现。
3. 感想指将自己在活动中的理解、思考告知带队的家长。
4. 各项指标可以用“优、良、中”来评价。

## 第五节　“我是校园小交警”职业体验活动方案[①]

### 一、活动背景

在国家倡导培育“五育并举”的综合素质人才，重视职业体验的背景下，根据《中小学综合实践活动课程指导纲要》“强调学生综合运用各学科知识，认识、分析和解决现实问题，提升综合素质，着力发展核心素养，特别是社会责任感、创新精神和实践能力，以适应快速变化的社会生活、职业世界和个人自主发展的需要，迎接信息时代和知识社会的挑战”要求，开展职业体验活动，学生通过走进交警三分局，实际体验交警的工作，进行相应的学习与训练，并在校园内开展相关项目式体验活动，逐渐成为校园里的“小交警”。

### 二、学情分析

四年级学生在道德与法治课上了解学习了许多关于规则意识的内容，如《生活离不开规则》《慧眼看交通》，初步建立了规则意识、初步理解了遵守规则的意义与要求。但由于还缺乏对规则的实际运用，校园可能产生安全隐患。在上学及放学期间，也存在学生因交通意识淡薄导致违反交通规则行为，如乱闯红绿灯、不走人行横道等，让校园交通安全隐患成为亟待解决的挑战。

### 三、活动目标

1. 了解交警的工作情况，处理各种突发事件。
2. 体验交警工作的艰辛，感受交警的职业精神与担当。
3. 探究交警的职业内核，形成尊重交警的态度，强化责任意识。
4. 将关于交警的知识技能，运用到校园小交警项目活动的建设之中，培养学生的实践意识与规则意识。

---

① 本案例由成都市盐道街小学（528 校区）颜诗舜提供。

## 四、活动过程

（一）准备阶段

1. 情境导入

为了使学生更好地融入交通安全项目式课程，首先通过情境导入的方式激发他们的兴趣。教师在课堂模拟了一个校门口交通混乱的场景，以情景剧的方式让学生亲身体验交通拥堵、违规行驶等问题带来的困扰。通过这种方式，学生们对交通安全的重要性有了更直观的认识。

2. 视频演示

紧接着，播放了一段关于交通安全的视频。视频中详细展示了交通规则的遵守、安全出行的技巧以及交通事故的预防措施等内容。观看视频后，学生们对交通安全知识有了更深入的了解，为后续的实践活动打下了坚实的基础。

（二）实施阶段

1. 交通安全知识科普

在实践活动开始前，组织一次交警进校园的交通安全知识科普讲座。讲座中，交警叔叔详细讲解了交通标志、交通信号灯的含义以及行人、车辆应遵守的交通规则等内容。学生们认真听讲，积极互动，对交通安全知识有了更全面的掌握。

2. 走进交警三分局

为了让学生更深入地了解交通安全工作，将相关知识技能运用在校园小交警建设中，我们组织了参观交警三分局的活动。在交警叔叔的带领下，学生们参观了交通指挥中心、交通违法处理窗口等场所，了解了交警叔叔的日常工作内容和职责。

3. 探秘交警一天的工作

为了让学生更直观地了解交警叔叔的工作情况，我们安排了一天的时间，让学生跟随交警叔叔在春熙路进行实地体验。学生们亲眼见证了交警叔叔在路口指挥交通、处理交通事故等场景，并和交警叔叔一起处理违规事件，为后续的校园小交警活动开展打下基础。同学们深刻感受到了交警叔叔的辛苦和责任。这次体验让同学们更加珍惜交通安全，也更加尊重交警叔叔的工作。

4. 完成导学单与记录日志

在实践活动中，我们为学生设计了活动导学单和记录日志。导学单明确了本次小交警活动的目标和任务，引导学生按照要求进行实践活动。记录日志则要求学生记录在体验交警的活动过程中的所见所闻、所思所感，以便后续进行总结和反思。通过完成导学单和记录日志，学生们对实践活动有了更清晰的认识和更深刻的体验。

5. 具体安排

第一阶段：交通安全知识科普讲座。

时间：上午 9：00—10：30。

学生活动：

8：45，学生们在指定地点集合，按照班级顺序入座。

9：00，活动准时开始，交警叔叔进入教室，进行自我介绍和开场致辞。

9：05—10：20，交警叔叔通过 PPT、视频等多种形式详细讲解交通标志、交通信号灯的含义，以及行人、车辆应遵守的交通规则。期间，学生们举手提问，交警叔叔进行解答。

10：20—10：30，进行小测验，随机抽取几名学生回答与交通安全相关的问题，检验学习效果。

教师活动：

8：30—8：45，教师负责组织学生有序进入教室，并确保每个学生都有座位。

活动期间：教师在教室内维持秩序，鼓励学生积极参与互动，并记录学生的表现。

10：30，活动结束后，教师组织学生有序离场，并安排下一步活动。

第二阶段：走进交警三分局。

时间：上午 10：45—12：00。

学生活动：

10：45，学生们在校门口集合，由教师和交警叔叔带队前往交警三分局。

11：00—11：45，在交警叔叔的带领下，学生们分组参观交通指挥中心、交通违法处理窗口等场所。期间，交警叔叔会介绍各个场所的功能和作用，并解答学生关于交通的疑问。

11：45—12：00，学生们在交警三分局合影留念，感谢交警叔叔的接待和指导。

教师活动：

活动期间：教师负责学生的安全和秩序，协助交警叔叔进行讲解和指导。

12：00，活动结束后，教师组织学生返回学校，并安排午餐和休息。

第三阶段：探秘交警一天的工作。

时间：13：30—16：30。

学生活动：

13：30，学生们在校门口集合，由教师和交警叔叔带队前往春熙路。

14：00—16：20，学生们跟随交警叔叔在春熙路进行实地体验。期间，学生们可以观察交警叔叔在路口指挥交通、处理交通事故等场景，并有机会和交警叔叔一起处理违规事件。交警叔叔会现场讲解工作流程和注意事项，让学生们更加直观地了解交警的工作内容和职责。

16：20—16：30，活动总结分享。学生们围坐在一起，分享自己的感受和收获。交警叔叔也发表了自己的寄语和希望，鼓励学生们珍惜交通安全，尊重交警的工作。

教师活动：

活动期间：教师负责学生的安全和秩序，协助交警叔叔进行现场指导和管理。同时，教师也要记录学生的表现和反应，为后续的教学提供材料。活动现场图片如图 8-2 所示。

**图 8-2 活动现场图片**

6. 开展校园小交警项目式实践

以"安全童行""安全同行""愚公移'三'""童言无忌说交通""幺儿出行记""大手牵小手"等项目式体验活动，不断丰富校园小交警的职业体验。

"职普融通背景下小学职业体验的交通课程"的内容（见表 8-12）

**表 8-12　课程概况**

<table>
<tr><th>课程核心项目</th><th>课程子项目</th><th>具体目标</th><th>课程内容（项目阶段）</th><th>实施时间</th><th>责任人</th></tr>
<tr><td rowspan="7">安全“童”行</td><td>启动仪式：“三”“盐”两语说交通</td><td>1. 规则意识：引导学生了解和遵守交通规则。<br>2. 知识储备：学习日常交通规则及交通手势操。<br>3. 身心适应：学习手势操增强身体协调性。<br>4. 价值取向：通过启动仪式和体验活动初步感受交警工作的艰辛，引导学生尊重交通工作者，主动文明参与交通</td><td>我是安全盐娃</td><td>集体朝会</td><td>盐娃<br>盐师<br>交警</td></tr>
<tr><td rowspan="3">愚公移“三”</td><td rowspan="3">1. 规则意识：提升学生交通安全意识，明确交通规则，做遵守交通规则的小学生。<br>2. 知识储备：了解三轮车违章营运及停放给交通造成混乱的原因及危害，知道常见的交通信号、交通标志标线、交通安全法律法规等相关知识。<br>3. 身心适应：养成正确的站、立、行姿势，增强学生的身体协调性，达到强身健体的效果增强学生的勇气，培养坚韧的毅力，感受交警的辛苦，养成吃苦耐劳、永不言弃的意志品质。<br>4. 情感态度：提升学生在艺术设计方面的创作能力和审美能力。<br>5. 价值取向：了解交警日常的工作，认识到交警工作的重要性，正向引导学生积极参与劳动实践，学习相应的劳动技能，养成热爱劳动的好习惯，了解不同劳动者的分工责任，尊重各行各业的劳动者</td><td>愚公议“三”</td><td>主题班会</td><td>盐娃<br>盐师</td></tr>
<tr><td>愚公移“三”</td><td>实践活动</td><td>盐师<br>盐娃<br>交警</td></tr>
<tr><td>愚公与“三”</td><td>心得分享会</td><td>盐师<br>盐娃<br>交警</td></tr>
<tr><td rowspan="3">童言无忌说交通</td><td rowspan="3">1. 规则意识：了解基本的交通常识和规则，养成良好的交通习惯，号召身边的人遵守交通规则，主动对违反交通规则的人进行劝导。<br>2. 知识储备：能认识到校门口发传单对交通安全的危害，提高与人沟通的技巧，提高分析问题、解决问题的能力，对发传单现象有正确的认识。<br>3. 身心适应：有勇气，有胆量，坚持对发传单的人进行劝阻，遇到挫折不轻易退缩，积极寻找解决问题的办法。<br>4. 情感态度：制作醒目、美观、有针对性的宣传海报，创编具有吸引力的“交通规则小口诀”。<br>5. 价值取向：通过调查不发传单的好处，感受此次劝导活动的劳动意义，感受交警叔叔日常工作的不易</td><td>交通规则我们说</td><td>主题班会</td><td>盐师<br>盐娃<br>交警</td></tr>
<tr><td>交通现象请你说</td><td>主题班会<br>实践活动</td><td>盐师<br>盐娃<br>交警</td></tr>
<tr><td>交通意义大家说</td><td>主题班会</td><td>盐师<br>盐娃<br>交警<br>盐爸<br>盐妈</td></tr>
</table>

表8-12（续）

| 课程核心项目 | 课程子项目 | 具体目标 | 课程内容（项目阶段） | 实施时间 | 责任人 |
|---|---|---|---|---|---|
| 安全同行 | 幺儿出行记 | 1. 规则意识：知道交通法规是为了维护道路交通的秩序，预防和减少交通事故，提高道路通行的效率；养成过马路看交通信号灯、走人行横道的习惯：增强自觉遵守交通法规的规则意识。<br>2. 知识储备：认识基本的交通标志，了解常用的交通法规，熟悉交警手势，掌握交通安全常识。<br>3. 身心适应：在活动中学习交警手势操，养成正确的站、立、行姿势，增强身体协调性。<br>4. 情感态度：熟悉自己的上学路线，能够清晰、明了地绘制出从家到学校的路线图，并把自己认识的交通标志画下来 | 安全出行任我说 | 班会活动 | 盐师<br>盐娃 |
| | | | 安全出行任我画 | 班会活动 | 盐师<br>盐娃 |
| | | | 安全出行任我游 | 实践活动 | 盐师<br>盐娃<br>交警<br>盐爸<br>盐妈 |
| | 小手大手安全走 | 1. 规则意识：使学生和家长养成良好的交通习惯，增强其交通安全意识，培养良好的规则意识；并且积极倡议身边人共同维护文明交通秩序。<br>2. 知识储备：引导学生通过学习常见的交通信号、交通标志及标线、交通安全法律法规等相关知识；通过对交通现象和案例的探讨，培养学生发现问题、分析问题、解决问题的能力，发展学生分析、评价及创造等高阶思维能力。<br>3. 身心适应：在日常生活中坚持交通规则，并且能够持续用自己的行动引导身边人，养成吃苦耐劳、永不言弃的意志品质。<br>4. 情感态度：引导学生认识交通标识、符号以及其所蕴含的意义；鼓励学生在长期的项目探索中生成有创意的构思，画一画九宫规则图。<br>5. 价值取向：通过对不良交通现象的反省和在交警的分享中感受交警工作的艰辛，培养学生形成尊重劳动、尊重劳动工作者的意识 | 规则“连连看” | 家庭会议<br>班队会 | 盐师<br>盐娃<br>交警<br>盐爸<br>盐妈 |
| | | | 现象“消消乐” | 班队会 | 盐师<br>盐娃<br>交警 |
| | | | 全家“泡泡龙” | 沙龙讨论、交警大讲堂、交通知识竞赛 | 盐师<br>盐娃<br>交警<br>盐爸<br>盐妈 |

表8-12（续）

| 课程核心项目 | 课程子项目 | 具体目标 | 课程内容（项目阶段） | 实施时间 | 责任人 |
|---|---|---|---|---|---|
| 安全同行 | 颁奖典礼：一起带着爱出行 | 1. 规则意识：提高学生的自律意识，增强道德修养。<br>2. 知识储备：颁奖典礼过程中知识竞赛的过程会丰富学生交通常识，锻炼学生思辨能力。<br>3. 情感态度：熟悉交通标识，规范自身行为，养成遵守交通，安全出行的良好习惯。<br>4. 价值取向：赞赏并践行文明的交通行为，尊重交通工作者，以自觉遵守交通规则和文明出行为荣 | 我们是安全小公民 | 学期末 | 盐师<br>盐娃<br>交警<br>盐爸<br>盐妈 |

（三）总结阶段

1. 分享实践的收获

实践活动结束后，组织分享会。学生们纷纷上台分享自己在交警体验实践活动中的收获和感受。他们表示，通过实践活动，自己不仅掌握了更多的交通安全知识，还学会了如何遵守交通规则、如何保护自己和他人的安全。同时，他们也表达了对交警叔叔的敬意和感谢。

2. 小组实践

在小组讨论分享的基础上，我们进一步组织了小组研究活动。学生们围绕“如何在校园中实践交通安全知识”这一主题展开讨论。他们积极发言、各抒己见，提出了许多切实可行的建议和方法。确定每周校园小交警的具体工作时间、工作职责等，并积极投入到工作之中。

（四）评价量表

1. 交警一日体验评价表（见表8-13）

**表8-13 体验评价**

| 序号 | 评价维度 | 评价标准 | 自评 | 组评 | 师评 |
|---|---|---|---|---|---|
| 1 | 参与积极性 | 在各项体验活动中是否积极参与，提出有见地的建议，为小组做出贡献 | | | |
| 2 | 知识掌握情况 | 对交通安全知识的掌握程度，能否准确解释交通标志、交通信号灯的含义以及相关的交通规则 | | | |
| 3 | 实践能力 | 在模拟交通场景和实地体验中的表现，能否将所学的交通安全知识应用于实际情境中，做出正确的判断和行动 | | | |

表8-13(续)

| 序号 | 评价维度 | 评价标准 | 自评 | 组评 | 师评 |
|---|---|---|---|---|---|
| 4 | 团队协作能力 | 在小组活动中的合作与协调能力，是否积极参与小组讨论，与同伴共同完成任务，并解决可能出现的问题 | | | |
| 5 | 创新意识 | 在活动中是否展现出创新思维，提出新颖的交通安全宣传方法或改进措施，为解决实际问题贡献自己的想法 | | | |

注：

自评：学生根据自己的表现进行打分，打分范围 1~5；

组评：小组成员根据该同学的表现进行打分，打分范围 1~5，取平均值；

师评：教师根据学生的表现进行打分，打分范围 1~5。

2. 小交警课程愚公移“三”任务单（见图 8-3）

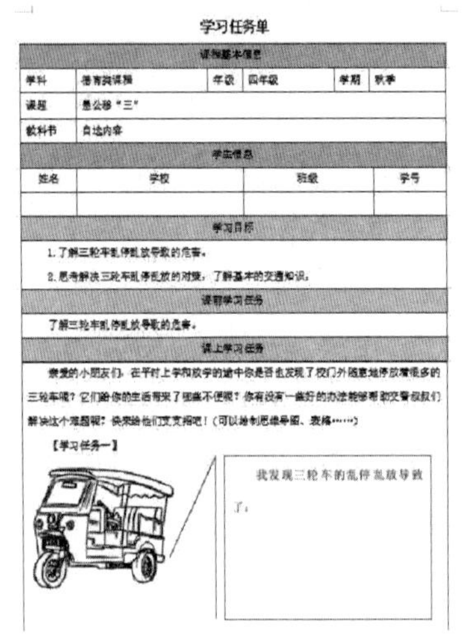

学习任务单

| 课程基本信息 | | | | | |
|---|---|---|---|---|---|
| 学科 | [illegible] | 年级 | 四年级 | 学期 | 秋季 |
| 课题 | 愚公移“三” | | | | |
| 教科书 | 自选内容 | | | | |

| 学生信息 | | | |
|---|---|---|---|
| 姓名 | 学校 | 班级 | 学号 |
| | | | |

学习目标

1. 了解三轮车乱停乱放导致的危害。

2. 思考解决三轮车乱停乱放的对策，了解基本的交通知识。

课前学习任务

了解三轮车乱停乱放导致的危害。

课上学习任务

亲爱的小朋友们，在平时上学和放学的途中你是否也发现了校门外随意地停放着很多的三轮车呢？它们给你的生活带来了哪些不便呢？你有没有一些好的办法能够帮助交警叔叔们解决这个难题呢？快来给他们支支招吧！（可以绘制思维导图、表格……）

【学习任务一】

我发现三轮车的乱停乱放导致了：

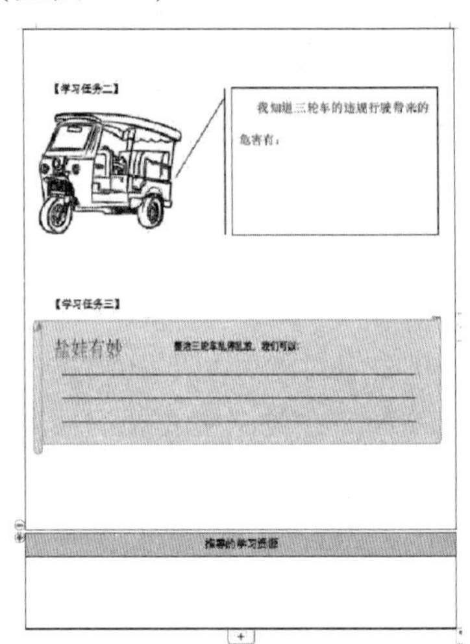

【学习任务二】

我知道三轮车的违规行驶带来的危害有：

【学习任务三】

整治三轮车乱停乱放，我们可以：

推荐的学习资源

图 8-3　学习任务单

3. 校园小交警日志（见表 8-14）

表 8-14　校园小交警日志

| 负责项目 | 周一 | 周二 | 周三 | 周四 | 周五 |
|---|---|---|---|---|---|
| 上学路队 | | | | | |
| 放学路队 | | | | | |
| 校门口人群秩序 | | | | | |
| 校外车辆秩序 | | | | | |

表8-14(续)

| 负责项目 | 周一 | 周二 | 周三 | 周四 | 周五 |
| --- | --- | --- | --- | --- | --- |
| 校园巡逻 | | | | | |
| 本周总结 | | | | | |

## 第六节 “我是小小非遗传承人”职业体验活动方案[①]

### 一、活动背景

锦江区锚定“品位锦江·幸福城区”总体目标，奋力打造更加美丽、更具活力、更有品位、更具幸福感的现代化国际化城区，大力弘扬工匠精神。自2017年“濯锦工匠”命名以来，锦江区不断深耕工匠家园，树立工匠精神成为时代精神，充分宣扬劳动之美、精神之美、时代之美。“濯锦工匠孵化培育基地”位于锦江区三圣乡喜树路社区，让学生走进其中，体验非遗传承人的工作内容，对传统手工技艺进行致敬、传承、赓续和发扬。

### 二、学情分析

此次职业体验活动的学生为五年级学生，对传统非遗文化有了初步了解，知晓剪纸、扎染、木工等传统非遗项目的类别和技法，通过结合国家劳动课程要求，探索适合学校环境的劳动课程模式，走进校外劳动实践基地，加强学生对非遗与生活的联系，巩固学科知识、提升综合能力，让学生真正感受到“看得见、摸得着、听得懂、学得来”的传统文化魅力，让非遗文化在其心里生根发芽。

### 三、活动目标

（一）观工艺之行，思劳动之趣

走进基地，通过观察剪纸、扎染、木工三类非遗作品，了解其背景历史，知悉制作过程，探究非遗文化，欣赏美好事物，感知乐趣。

---

① 本案例由成都市盐道街小学（528校区）谢菁提供。

（二）闻匠人之言，悟劳动之道

通过和非遗传承人们的沟通交流，看到工匠的态度、责任及身上的荣誉和使命，感知劳动人民对事物的极致追求，品味工匠精神。

（三）知工匠之魂，感劳动之乐

通过学习、体验剪纸、扎染、木工三类非遗项目制作，提升手工技法，明白技艺寄于心、寄于情、寄于日复一日的追求，感受劳动的快乐。

## 四、活动过程

（一）准备阶段（前置学习）

通过前置学习单的发放，明白剪纸、扎染、木工三类非遗传承人的基本技能和职业素养（见表 8-15）。

**表 8-15　三类项目的基本技能和职业素养**

| 职业 | 基本技能 | 职业素养 |
| --- | --- | --- |
| 剪纸艺人 | 能掌握剪纸的基本技巧，包括剪刀的使用、折叠和切割等，尝试使用不同类型的纸张和材料，如彩色纸、金属箔纸等 | 1. 有创新意识，能尝试新的图案和设计，以提高剪纸速度和准确性；<br>2. 坚持不懈地进行创作和实验，有时间和耐心 |
| 扎染艺人 | 通过纱、线、绳等工具，对织物进行绞、缝、扎、捆、撮、叠、缚、夹等十多种形式组合后进行染色 | 1. 心思缜密，能将“扎”和“染”紧密配合，相辅相成；<br>2. 拥有审美能力，能进行图案的设计，掌握不同的捆扎手法；<br>3. 会对人物、动物、植物、花鸟、书法等图案进行刻画 |
| 木工（木匠） | 掌握工具的使用方法，如锯子、平刨、刨子、锉刀、锤子等；知悉不同的切割和连接方法，如榫卯结构法、半圆榫卯法等 | 1. 持续学习和不断提升自己的能力，以及掌握木工设计原理、构图技巧等；<br>2. 拥有对所做的事情和生产的产品精益求精、精雕细琢的精神 |

（二）实施阶段

1. 实地参观

走进三圣乡喜树路社区濯锦工匠孵化培育基地，参观剪纸、木艺、扎染等手工艺品的展示。参观现场见图 8-4。

图 8-4　参观现场

2. 项目体验（剪纸艺、扎染、木工）

学生分为三个小组，分别体验剪纸、扎染、木工三个非遗项目（见表 8-16、表 8-17、表 8-18）。

表 8-16　剪纸体验

| 小小传承人——剪纸艺人 | |
|---|---|
| 体验时间 | 40 分钟 |
| 内容简介 | 中国剪纸是“非遗”之一，是一种用剪刀或刻刀在纸上剪刻花纹，用于装点生活的民间艺术。了解非遗、了解剪纸历史，通过一系列的活动，感受剪纸的美。通过对经典作品的欣赏，发现剪纸的美，通过初步学会剪纸的技艺，尝试创造美 |
| 活动目标 | 1. 了解剪纸，感悟美，学会欣赏美、发现美，初步培养创造美的能力。<br>2. 了解剪纸的基本技法。<br>3. 使用工具和材料，运用剪纸的基本技能，创作剪纸作品 |
| 活动重难点 | 重点：让学生了解非遗、了解剪纸，掌握简单的剪纸技法；<br>难点：体会剪纸所展示的文化和美感 |

表8-16(续)

| | |
|---|---|
| 活动步骤 | 剪纸步骤：<br>1. 先在白纸上设计一种四幅对称图案，注意上下左右的对称连接。<br>2. 取一张红色手工宣纸，中心对折两次。<br>3. 将白纸上的几何图案复制到宣纸上。<br>4. 用剪刀进行剪切。<br>5. 完成后展开宣纸，组内相互讨论、评价作品。<br>6. 如果有更好的想法，可再尝试剪一次 |
| 交流与评价 | 展示自己的作品，并进行评价 |

**表 8-17　扎染体验**

| 小小传承人——扎染艺人 | |
|---|---|
| 体验时间 | 40 分钟 |
| 内容简介 | 扎染技艺作为我国非物质文化遗产之一，通过纱、线、绳等工具，对织物进行扎、缝、缚、缀、夹等多种形式组合后由植物染料反复浸染而成，产品色彩鲜艳、永不褪色，是中国传统的手工染色技术之一；扎染古称扎缬、绞缬 |
| 活动目标 | 1. 了解扎染是中国民间传统而独特的染色工艺。<br>2. 初步尝试扎染，感受扎染的多样性、艺术性、独特性。<br>3. 使用扎染布料进行手工作品创作，体验制作的乐趣 |
| 活动重难点 | 重点：运用棒冰棍子、夹子、皮筋和绳、树枝等材料进行实践操作。<br>难点：熟练掌握“扎”的技法和技巧 |
| 活动步骤 | 1. 浸泡：把纯白色棉布放在冷水里浸泡沾湿。<br>2. 捆扎：用皮筋、筷子、夹子等工具对纯白色棉布进行各式捆扎。<br>3. 染色：把沾湿的纯白色棉布用染色剂染色。<br>4. 洗涤：在清水中进行去浮色。<br>5. 解捆：对纯白色棉布进行解捆。<br>6. 晾晒：展开纯白色棉布，原本纯白色棉布变成了纹理各异、五彩斑斓的艺术品 |
| 交流与评价 | 展示自己的作品，并进行评价 |

表 8-18 **本匠体验**

| 小小传承人——木匠（木头小玩具制作） | |
|---|---|
| 体验时间 | 40 分钟 |
| 内容简介 | 木工是一种传承，是中华民族“工匠精神”的延续，榫卯是中国古代建筑、家具的重要结构方式。在一榫一卯之间，取一转一折之际，利用榫和卯结构之间相互结合，体现中国工匠精神的智慧和工艺美学 |
| 活动目标 | 1. 通过探究木工，了解传统文化，增强民族自豪感。<br>2. 通过锯割钻凿，推敲打磨等方式，锻炼和提高手眼协调能力、大小肌肉动作技能、动手和创造力。<br>3. 通过作品呈现，提升学生自信心、成就感和获得感。<br>4. 小组化活动，培养学生相互协作精神，增强团队意识 |
| 活动重难点 | 重点：根据木材的特征，设计形象、传神的木材艺术品。<br>难点：熟练运用木材切割方法，结合原有特征，添加装饰，设计独具创意的木材作品 |
| 活动环节 | 1. 观看用废旧的木头创作出来的木材艺术作品。开阔创作思路。<br>2. 收集废旧的木料<br>第一，可以在园林修剪的地方寻找废弃的木料。<br>第二，装修木工的地方可以寻找到用剩的木料。<br>3. 切割木头<br>切割时，粗大的木头可以由老师用电锯或油锯进行切割。细小的木头，可以在老师的指导下，用园林木锯或小锯刀进行切割。<br>4. 创意拼接<br>规划作品后，可以根据切割下来的木头进行创意拼接，老师可以协助学生用热熔胶进行粘贴 |
| 交流与评价 | 展示自己的作品，并进行评价 |

（三）感悟收获

三组学员作品制作完成后，进行集中展示评价，问问学生们有什么收获和感悟，引导学生们做好小小非遗传承人，做好传统文化的传播与传承。

创新突破，诠释“中国匠心”——纸艺，

精工巨匠成就技艺之美，技艺之美源于生活。

精益求精，擎起“中国技艺”——扎染，

追求极致，是工匠的态度、责任，更是荣誉和使命。

薪火相传，传承“中国精神”——木工，

在“工匠”的路上继续前行，始终保持一颗匠心，以匠心致初心，用平凡铸卓越。

## 五、活动评价

### （一）小组手册（见图 8-5）

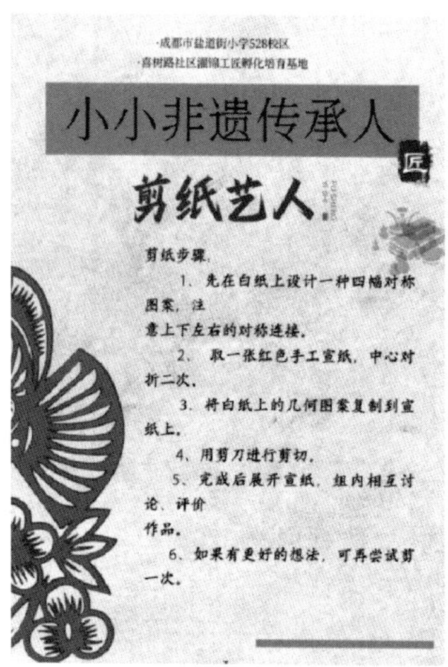


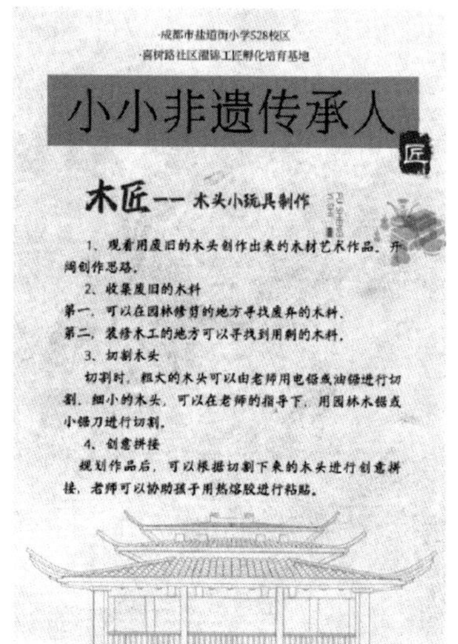


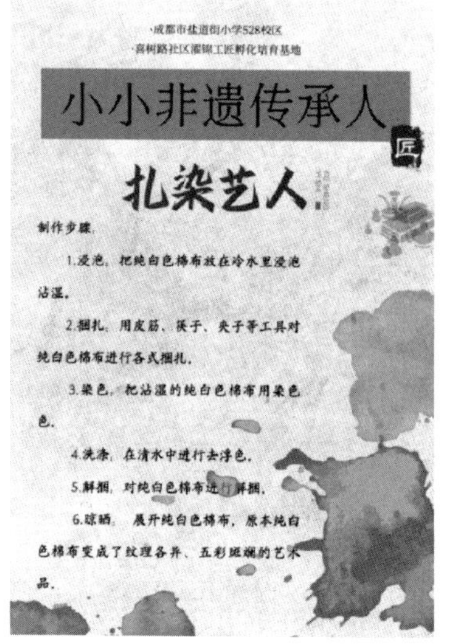


图 8-5 小组手册

### （二）评价量表

此次活动，从团队评价、个人评价、反思交流三个维度进行综合评价，面向每一组学生团队，以组为单位进行评价，将学生的操作能力、行动能力、组织能力、思考能力等因素作为评价参考，做到综合全面的反馈（见图 8-6）。

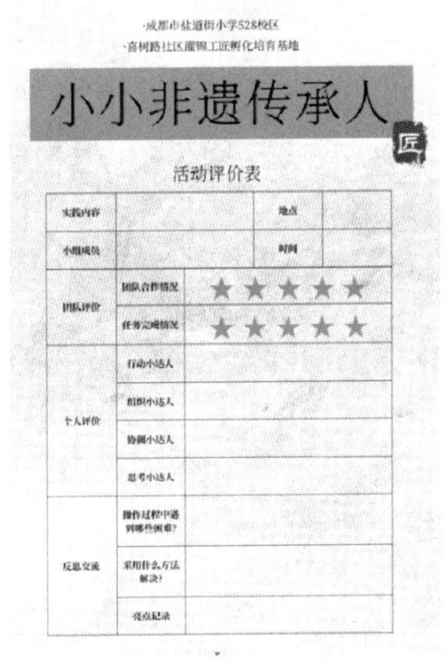

·成都市盐道街小学528校区

·喜树路社区濯锦工匠孵化培育基地

小小非遗传承人 匠

活动评价表

| 实践内容 | | 地点 | |
|---|---|---|---|
| 小组成员 | | 时间 | |
| 团队评价 | 团队合作情况 | ★★★★★ | |
| | 任务完成情况 | ★★★★★ | |
| 个人评价 | 行动小达人 | | |
| | 组织小达人 | | |
| | 协调小达人 | | |
| | 思考小达人 | | |
| 反思交流 | 操作过程中遇到哪些困难? | | |
| | 采用什么方法解决? | | |
| | 亮点纪录 | | |

图 8-6　评价量表

（三）细节规范

1. 以班级或小组为单位活动，带队老师与班级同行，有特殊情况及时和老师联系。

2. 按要求在指定区域活动，熟知安全须知，听从老师和工作人员安排，做好安全防护措施。

3. 在手工制作过程中，注意安全，专业器械在教师指导下使用。

# 第九章　初中阶段职业体验活动方案

## 第一节　“我是小法官”职业体验活动方案[①]

### 一、活动背景

学生选择以“法官”职业体验为主题。有以下三个方面原因：

（1）学校教育：学校法制教育所具有的弘扬法治精神、培养法治人才以及预防与减少违法犯罪等特有功能，奠定了它在现代学校教育中的重要地位。学校教育要适应建立“社会主义法治国家”的要求，就必须从学校教育理论和实践两个层面都高度重视法制教育。

（2）社会环境：近年来，城市化快速推进，学校所处的大环境人员复杂，个人生活背景不同。学校学生的来源发生了很大变化，失地农民和外来务工者的子女占有很大比例。这些学生的父母大多数文化程度不高，来到城市主要精力忙于生计，对子女期望值很高，但是缺少教育的时间、教育的精力、教育的正确观念和方法，父母和孩子的法治意识相对淡薄。这些问题带给我们深深的思考，同时也亟待我们通过探究来有效解决。

（3）地理优势。成都市西北中学外国语学校地处成都市西三环草金立交外，是成都市武侯区教育局直属的公办学校。武侯区人民法院离学校直线距离不超过200米，是学校的法治教育基地。

基于此，通过开展“我是小法官”职业体验，引导学生把课程学习内容与真实生活情境相结合，成为学法、知法、懂法、守法的好公民，为今后的职业选择提供坚实基础，为每一个学生终身发展服务。

---

① 本案例由四川省成都市西北中学外国语学校李巧玲提供。

## 二、学情分析

七年级学生正处在人生观、价值观和世界观形成的关键阶段，对社会及社会群体有一定的认识，但缺乏深刻认知和理解，需要在社会实践中进一步了解和认知，以更深层次地理解不同职业，以助其树立正确的人生观、价值观和世界观，初步形成人生的理想目标。学生在自我职业发展规划意识的基础上需要结合自己的兴趣爱好、能力特长、性格体力情况以及未来职业发展的趋势，去探索、反省自己的职业志向，去检视自身与职业志向相关的准备状态，去思考实现职业志向可能的路径与策略等。这个阶段的学生有法制意识，但比较单薄，通过聚焦“法官”这一特定的职业，可以让学生对法律树立敬畏之心，做一个“学法、知法、懂法、守法”的好公民。

## 三、活动目标

1. 初步体验“法官”这一职业，对法律树立敬畏之心，做一个“学法、知法、懂法、守法”的好公民，为今后的职业发展提前做好规划。

2. 体会“法官”职业的使命感和责任感。

3. 了解法院的职能和法官的职业特点，了解成为法官所需要的基本素养。

## 四、活动过程（见表 9-1）

**表 9-1 活动过程**

| 活动阶段 | | 阶段目标 | 课时 | 教师指导 | 学生活动 |
|---|---|---|---|---|---|
| 准备阶段 | 选择或设计职业情境 | 1. 通过兴趣引导，帮助学生根据社会职业现状，了解各种职业的基本类别。<br>2. 通过教师的引导，确定职业体验的选题聚焦到“法官”职业体验上，对“法官”这一特定职业进行前期的调查分析 | 2 课时 | 1. 引导学生积极思考，激发学生对不同从业者生存现状进行调查研究的兴趣。<br>2. 结合学情和校情，引导学生选择“法官”这一职业进行体验。<br>3. 将学生分为四个小组，对“法官”职业进行前期调研。<br>4. 培养引导学生独立发散性思维 | 1. 四个小组带着四个问题进行前期调研。<br>2. 比较、分析、归纳、提炼问题。<br>3. 小组共同探讨、合作，确定调查方向，形成调查研究计划 |

表9-1(续)

| 活动阶段 | | 阶段目标 | 课时 | 教师指导 | 学生活动 |
|---|---|---|---|---|---|
| 实施阶段 | 岗位实际演练 | 1. 了解法院的职能和法官的职业特点。<br>2. 成为“法官”要具备什么样的素养?<br>3. 今后,我想从事“法官”这一职业,我应该怎么努力?<br>根据调查研究计划,进行实践体验,提出问题,并在教师的指导下逐步解决问题。最终形成团队对法官职业的具体认识,达到学生了解一个职业,尊重法律从业者的最终目的 | 1 课时 | 1. 根据学生的意愿和特点,让学生扮演不同的法庭角色。<br>2. 鼓励和引导学生对“法官”的职业特点进行分析和总结。<br>3. 指导学生做好活动过程的记录和活动资料的整理 | 1. 形成团队对“法官”职业的具体认识:通过调研,形成团队对“法官”职业的具体认识 |
| | | | 2 课时 | | 2. 实地观察——走进法院:走进法院,通过实地观察和与法官面对面访谈,了解法院的基本职能,以及法官的职业特点 |
| | | | 4 课时 | | 3. “法官”初体验——模拟法庭:通过模拟法庭里的角色扮演,感受法庭的威严,从中体会职业的使命感和责任感 |
| | | | 4 课时 | | 4. 贴近生活——庭审进校园:将真实的庭审搬进校园,让学生旁听,促进学生做一名“知法、懂法、守法”的合格的中国公民 |
| 总结阶段 | 总结、反思、交流经历过程 | 各小组根据调查研究的主要内容和结果,在小组内及时进行专题讨论,并完成小组总结 | 2 课时 | 1. 教师要指导学生选择合适的结果呈现方式,如:ppt 汇报、模拟等,对活动过程和活动结果进行系统梳理和总结,促进学生自我反思与表达、同伴交流与对话。<br>2. 指导学生学会通过撰写活动报告、反思日志、心得笔记等方式,反思成败得失,提升个体经验,促进知识建构,并根据同伴及教师提出的反馈意见和建议查漏补缺,明确进一步的探究方向,深化主题探究和体验 | 在互动交流学习过程中,能够客观地评价自己。对自己存在的难点问题及时提出解决思路或改进建议,通过自我监督评价、小组讨论和自我评价,认识并感受自己通过本次活动得到了哪些能力提升,开始思考如何在将来把自己的学习到重要能力运用扩大到生活实践中 |

表9-1(续)

| 活动阶段 | | 阶段目标 | 课时 | 教师指导 | 学生活动 |
|---|---|---|---|---|---|
| 总结阶段 | 概括提炼经验，行动应用 | 总结概括提炼出此次职业体验的研究报告 | 2 课时 | 教师对本次活动进行总结，并给予学生合理的职业体验评价，肯定学生在社会活动中的各种表现和得到的充分锻炼。教师指出学生活动过程中的不足和活动取得的优异成绩，引导学生从活动正反两个不同方面来进行客观公正的评价 | 学生充分认识到自己在实践过程中的表现，以此能够促进培养学生在社会职业道德认识和社会活动管理实践中能牢固树立正确的职业人生观、价值观和精神世界观，以此有助于学生在今后几年能更好地积极融入社会活动之中 |

## 五、评价（见表 9-2、表 9-3、表 9-4）

**表 9-2　职业体验感悟登记**

| 项目 | 内容 |
|---|---|
| 法院的职能和法官的职业特点 | |
| 成为“法官”要具备什么样的素养？ | |
| 今后，我想从事“法官”这一职业，我应该怎么努力？ | |

**表 9-3　学习评价**

| 评价形式 | 内容 |
|---|---|
| 自我评价 | |
| 小组评价 | |
| 家长评价 | |
| 教师评价 | |

表 9-4　调查报告

| 一、标题 |
| --- |
| 关于　　　　　　　　　　　　　　　　　　　　　　的实践报告 |
| 二、基本情况<br>介绍此次实践活动的时间、地点、背景和大致效果（300~400 字） |
| |
| 三、主要内容<br>描述实践经过、统计相关数据并写出得到的结论，关于此次活动的思考和建议（可增加附页） |
| |
| 四、家长点评 |
| |
| （活动照片粘贴处） |
| 五、教师评价 |
| |

## 第二节　“我是食堂配餐员”职业体验活动方案[①]

### 一、背景分析

向阳桥中学是一所“两自一包”学校，自建校以来，学校根据自身特色和资源开发了校本综合实践活动课程“向阳桥中学食育文化课程体系”（见图 9-1）。在坚持“立德树人”根本任务的前提下，学生以“食物从哪里来？到哪里去?”为脉络，深入探究与食物相关的所有内容，在其中发现问题、分析问题、解决问题。以此活动来提升学生的社会责任感、创新精神和实践能力。

① 本案例由成都市龙泉驿区向阳桥中学钟冬燕提供。

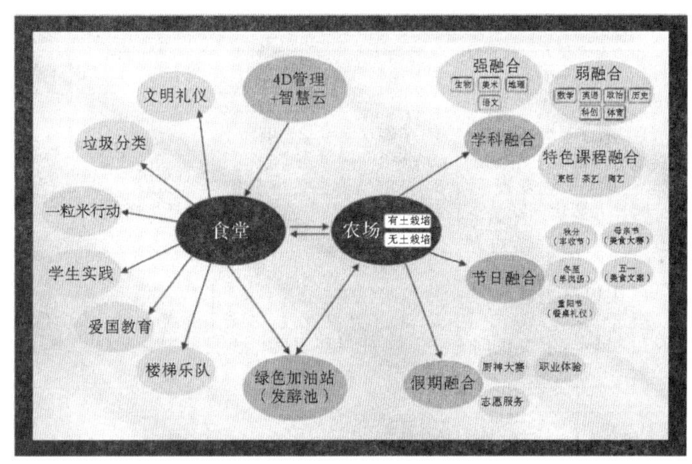


**图 9-1　向阳桥中学食育文化课程体系**

## 二、学情分析

初中的孩子有了初步的职业意识，但并不清楚每个职业的工作内容，也不清楚工作过程中要承担的责任。通过向阳农场和烹饪课程，学生知道了食物从哪里来，以及怎么制作；但从厨房到餐桌，再到自己肚子里的过程还不是很清楚。因此我们开设了学校食堂职业体验课程。

## 三、活动目标

1. 体验食堂工作人员的艰辛，加深对“珍惜粮食”的认识。
2. 培养学生发现问题、分析探究问题、解决问题的能力。
3. 提升“为大家服务”的主人翁意识，加强责任担当意识的培养。

## 四、活动过程（见表 9-5）

**表 9-5　活动过程**

| 教学阶段 | 教师活动 | 学生活动 | 设计意图 |
| --- | --- | --- | --- |
| 准备阶段 | 1. 动员、组织学生参加食堂职业体验。<br>2. 食堂职业体验基本食品安全要求培训。<br>3. 观察食堂工作人员工作。<br>4. 学生分组、分工 | 1. 学习食堂内基本安全要求。<br>2. 对食堂工作内容有一个基本的理解。<br>3. 分组分工，讨论安排好每个人的工作范围 | 通过培训和观察，对食堂职业体验有初步的认识，同时保证在体验过程中的食品安全问题 |

表9-5(续)

| 教学阶段 | 教师活动 | 学生活动 | 设计意图 |
| --- | --- | --- | --- |
| 实施阶段 | 1. 进入食堂装备穿戴、消毒。<br>2. 引导学生发现问题，并解决问题 | 1. 了解穿戴的复杂性。<br>2. 分析问题进行尝试。<br>3. 得出结论，拍摄装备穿戴的教学视频并推广 | 培养学生观察能力和分析、解决问题的能力，推广成果以及为同学服务的意识 |
| | 1. 组织学生进行打饭工作。<br>2. 引导学生发现问题，并研究解决方案 | 1. 亲身体验打饭工作。<br>2. 通过自身感受发现问题，通过观察实践得出打饭操作的省力姿势 | 培养学生观察能力和分析、解决问题的能力 |
| | 1. 引导学生总结打饭过程中的其他问题。<br>2. 引导学生对问题进行分析。<br>3. 引导学生规范地进行访谈，以及调查表制作，调查表发放、调查和分析。<br>4. 引导学生根据分析结果讨论解决方案并从学生和食堂两个角度进行思考和反馈 | 1. 在打饭的过程中观察除自己以外的人，在其中发现问题。<br>2. 通过讨论抓住问题要点，设计访谈和调查表方案。<br>3. 实地进行访谈和调查。<br>4. 收集整理访谈和调查数据。<br>5. 根据所得数据分析问题，从学生和食堂两个角度思考解决方案。<br>6. 实践解决方案后，通过和食堂反馈，以及向学生推广“食堂打饭攻略”扩大解决方案影响力 | 1. 学会观察自己以外的人和事，发现问题。<br>2. 学会通过访谈和调查表收集数据。<br>3. 学会根据收集数据分析问题，并多角度思考解决问题。<br>4. 在为同学解决问题的过程中，培养学生“为他人服务”的主人翁意识 |
| | 1. 组织学生进行碗盘收捡工作。<br>2. 引导学生在实践后发现问题。<br>3. 引导学生讨论问题的原因，分析解决方案。<br>4. 组织学生实践解决方案 | 1. 亲身实践碗盘收捡工作。<br>2. 在实践中发现碗盘倒塌、脏乱等问题。<br>3. 分析讨论问题产生的原因。<br>4. 多方面多角度找寻解决方案。<br>5. 分组成立碗盘摆放指导小组。并在集会时向大家发出倡议：文明摆放碗盘，方便你我他（她） | 1. 培养不怕脏、不怕苦的劳动素养。<br>2. 进一步加强发现问题、分析问题、解决问题的能力。<br>3. 通过组织碗盘摆放指导人，加强学生组织安排能力。<br>4. 通过发起倡议，培养学生演讲能力 |

表9-5(续)

| 教学阶段 | 教师活动 | 学生活动 | 设计意图 |
| --- | --- | --- | --- |
| 总结阶段 | 1. 引导学生完成并推广以下物化成果:<br>①食堂后厨装备的穿衣教程视频。<br>②反馈给食堂工作人员的学生食堂需求总结和根据学生喜爱菜品收集的营养菜谱。<br>③向阳桥中学学生食堂打饭攻略。<br>④最省力打饭姿势总结。<br>2. 食堂职业体验汇报 | 1. 总结优化物化成果，并通过多种渠道进行推广。<br>2. 总结食堂工作体验，并进行食堂工作体验汇报 | 多角度、多方式评价学生成果，培养学生的沟通能力和自信心 |

## 五、评价（见表9-6）

**表9-6　评价**

| 评价项目 | 评价要点 | 自评 | 家长评 | 师评 |
| --- | --- | --- | --- | --- |
| 活动表现 | 参与职业体验的积极程度 | ☆☆☆☆☆ | ☆☆☆☆☆ | ☆☆☆☆☆ |
| | 遇到问题并解决问题的积极程度 | ☆☆☆☆☆ | ☆☆☆☆☆ | ☆☆☆☆☆ |
| 活动能力 | 在食堂工作的熟练程度 | ☆☆☆☆☆ | ☆☆☆☆☆ | ☆☆☆☆☆ |
| | 在解决问题的过程中发挥的重要性 | ☆☆☆☆☆ | ☆☆☆☆☆ | ☆☆☆☆☆ |
| 活动结果 | 在解决问题的过程中的思考深度 | ☆☆☆☆☆ | ☆☆☆☆☆ | ☆☆☆☆☆ |
| | 在倡议书、打饭攻略等过程中的付出 | ☆☆☆☆☆ | ☆☆☆☆☆ | ☆☆☆☆☆ |
| | 在和同学们沟通过程中的舒畅程度 | ☆☆☆☆☆ | ☆☆☆☆☆ | ☆☆☆☆☆ |
| 活动收获 | 在活动中我收获了: | | | |

## 第三节　“我是图书管理员”职业体验活动方案[①]

### 一、背景分析

资源分析：龙泉驿区向阳桥中学从2019年成立以来就致力于全面发展校园劳动教育，创设出如校园打工人、清洁小能手、寒暑假职业体验等多种形式的劳动教育模式，并以此为契机成功地申请为成都市首批劳动教育试点校。因此，学校在开展劳动教育活动方面有着丰富的实践经验，这对于本次校园服务活动的顺利开展具有很好的奠基作用。

学生生活能力分析：八年级的学生，经过了初中一年的学习生活，无论在知识的学习还是生活技能的培养，抑或是行为习惯的改善上都有了一定基础，因此对于开展本次校园服务活动，同学们已经具备了良好的心理和实践基础，能够较为自如地参与到本次活动之中。

选题依据：2020年3月20日中共中央、国务院发布的《关于全面加强新时代大中小学劳动教育的意见》指出：“劳动教育是中国特色社会主义教育制度的重要内容，直接决定社会主义建设者和接班人的劳动精神面貌、劳动价值取向和劳动技能水平。”而劳动教育的形式与模式是多样的，我们在学校教育中除了向学生教授生产劳动的课程与活动外，还应广泛地开展有关于生活劳动的课程与活动，这对于丰富学生劳动理念，增强学生劳动能力是极为有益的。

### 二、教学目标

通过介绍校园服务的角色与其相关工作，认识到校园服务的重要性。

通过参与图书管理员活动，知道在校园服务中同学们能贡献哪些力所能及的力量，提升自己服务校园的意识和能力。

在参与模拟图书管理员工作后，撰写校园服务反思，懂得校园服务是学校劳动教育重要的组成部分，养成爱校护校、珍惜他人劳动成果的良好品质。同时通过服务性劳动教育课程让学生认识到开展社区服务劳动的重要性，使学生初步养成认真负责、吃苦耐劳的品质和社会担当意识。

---

① 本案例由成都市龙泉驿区向阳桥中学周健提供。

## 三、教学重难点

重点：如何开展多种形式的图书管理员服务活动。

难点：如何更好地调动学生的积极性，让学生成为一名优秀的图书管理员，提升学生的社区服务意识。

## 四、教学准备

场所准备：图书馆（将座位随机摆成4列，一横排）。

工具准备：2把扫把、2个拖把、6张抹布、2个垃圾撮、30张左右的塑料板凳、手机（用于钉钉直播）、三个话筒与音响。

材料准备：图书管理册、适量A4纸（正面印有图书管理员职责卡，背面印有服务延伸思考卡）、适量评分表、适量总分表、适量教案、适量作业设计、每人一支签字笔。

安全要求：

（1）合理选择劳动工具，明确每一样劳动工具的适用范围和使用方法。

（2）擦玻璃要注意脚下安全，要做好安全保护措施；冬季不要用热水擦玻璃，避免玻璃炸裂。

（3）整理书籍时注意轻拿轻放，避免书籍破损。

## 五、教学过程

（一）导入（师生互动区，53分钟）

我话你猜。

教师提问：老师和大家来玩一个小游戏——我话你猜。请同学们根据老师的描述，猜猜老师描述的属于哪一类校园服务职业。

职业描述：

（1）门卫叔叔：他们是整个学校的保护伞，他们的存在让我们的校园生活更安心；他们是每天我们进校时第一道关卡，同时他们也可能是我们离开时的最后一个回眸。

（2）食堂阿姨：白色的大马褂、灰色的胶鞋是他们工作的标配；每当上午和下午课程结束时，同学们都会第一时间朝着他们飞奔而去，也正是有了他们，同学们的学习更加如虎添翼。

（3）保洁阿姨：他们是那样的朴实无华，每天清晨总是穿梭于各教学楼之间，也正是他们的存在让我们的教学设施一尘不染。

（4）宿舍阿姨：当你完成了一天繁重的学习任务，返回寝室休息的时候，她总会送来温暖，带着鼓励的笑容；当你在深夜不慎发生意外时，她总是第一时间到来，为你拨通班主任或父母的电话，让你的困难在第一时间得到解决。

（过渡）老师：同学们都猜得非常正确，而他们还有一个共同的称呼——校园服务者，正是他们的辛勤劳作、无私奉献，才使得我们校园的运行更加顺畅，同学们的校园时光才更加绚烂缤纷。作为一名向真、向善、向美的向阳学子，我们要学习和传承他们的奉献精神。那这样的传承在我们平时的学习和生活中可以怎样践行呢？

设计意图：教师分别阐述关于“门卫叔叔、食堂阿姨、保洁阿姨、宿舍阿姨”等校园服务职业，学生根据描述，对校园服务者有一个基本理解后，为后面更好地演绎校园服务者做准备；并且通过抢答的形式，对答对者给予小礼品的奖励，激发学生参与课堂活动的积极性。

（二）教授新课：校园服务我能行（35 分钟）

主要分为以下四个环节：分发图书管理职责卡；职责示范；分组操作与量化；反思促成长。

1. 分发图书管理职责卡（见表 9-7）。（自主选择服务卡上的服务内容：每人任选一种形式的服务内容）（5 分钟）

**表 9-7　图书管理职责卡**

| 职责 | 是否完成（用√表示） |
| --- | --- |
| 清扫图书馆：<br>清扫地面、擦拭书柜与书籍。<br>注意：清扫完毕后，垃圾的收拾与清洁工具归还到位 | |
| 图书借阅：<br>查看书籍归还情况并登记，检查是否有破损。<br>注意：清查完毕后，将书籍擦拭干净，摆放整齐并将清洁工具及时归还到位 | |

表9-7（续）

| 职责 | 是否完成（用√表示） |
|---|---|
| 图书归类：<br>将书籍分门别类整理好，并将书籍按门类科目整齐地放到书柜中。<br>注意：将书籍与书柜擦拭干净，并将清洁工具及时归还到位 | |

备注：将学生分为四人一组的几个小组，让学生内部进行工作分配。要求各个小组的选择必须涉及图书馆服务活动的各个种类。

设计意图：为学生罗列图书馆服务中力所能及的活动，供其选择，了解学生对于图书馆服务活动的选择意向。

教师提问：很高兴看到同学们基本都选择了一种力所能及的图书馆服务活动，接下来就请同学们根据自己所选择的服务内容，按照图标重新分组。一个服务内容都没选择的同学请坐到每组的最后面，一会儿你们将担任打分员与总分员。

设计意图：教师统计选择同样服务内容的人员，将学生重新分组，为后续学生实践图书管理员服务活动做准备。

2. 职责示范：配合图书管理员录制的工作要点的视频和图片，讲解图书管理员的服务内容与相关要求。

（过渡）老师：同学们经过重新分组后，都找到了自己的服务小队，接下来就请同学们仔细观看图片和视频，学习并思考应该怎样更好地完成自己所选择的服务内容。

设计意图：以视频和图片的形式说明图书管理员的服务内容，讲解图书管理员服务内容的标准示范，让学生对服务内容有清晰明了的认知，为其更好地完成服务活动做准备。

3. 分组操作与量化［4×5＝20（分钟）］

（过渡）老师：同学们在观看操作图片和视频、聆听操作流程后，想必对于如何更好地服务图书馆都有了更深的理解。但俗话说得好，光说不练假把式，接下来我们就以小组合作的形式，来实践一下吧。

活动分为三组：

第一组：图书借阅，查看书籍归还情况并登记，检查是否有破损。

第二组：图书归类，将书籍分门别类整理好，并放到书柜中。

第三组：清扫图书馆，清扫地面、擦拭书柜与书籍。

每组两名打分员，严格按照评分表的标准进行评分（评分表见附件1表9-8），其余同学作为观察员找出实践过程中的问题并记录在心得体会卡上。

设计意图：学生通过小组分工合作，实践图书管理员服务活动的具体内容，掌握图书管理员服务活动的具体流程，为未来更好地独立参加校园图书馆服务活动做准备，同时培养学生的团队合作意识和协调分工能力。

4. 反思促成长（10分钟，其中3分钟构思书写，7分钟总结分享）

撰写模拟参与校园服务活动或观看模拟校园活动的心得体会，并进行发表。

设计意图：通过心得的撰写与分享，更加了解图书管理员的不易，与其背后的责任，更加坚定自己服务校园的决心，培养学生的社会服务意识和责任担当意识。

## 六、板书设计

略。

## 七、实践拓展——作业设计（详见附件2）

争做一名校园（社会）服务者，到图书馆做一天志愿服务。

## 八、课后反思

新课教授完毕后，通过对本堂课进行梳理，存在着一些问题，导致有几个小组在体验图书管理员活动时没有完成自己规定的任务，没有很好地发表自己的感言。一方面，是由于时间较为仓促，课堂只有40分钟时间；另一方面，是因为在学生完成本小组的规定任务时，存在分工不合理，没有合理利用已有资源等问题。

对此，可以采取以下解决方法：针对这种所需时长较长的体验类服务性劳动教育课程，可以将其调整到最后一节课进行，尽可能给予学生较为充足的实操时间。

另外，应加强对学生的指导，并将工作做细、做实。在课前就要询问学生的小组分工情况，并提示学生将工作尽可能细化，分给不同组员，保证人人有事做，事事有人做，而不是一个人做完所有工作。另外，在正式上课之前就要检查学生准备的服务工具与资料是否齐全，并对其可能涉及的操作给予适当建议。

当然课程之中也要加强指导，督促学生提高服务的质量与效率。

最后在完成体验图书管理员活动后，安排小组进行分享，也应该邀请没有完成任务的小组来谈谈自己小组的情况，分析本小组为何没能完成任务，从中知道自身存在的不足，从而培养自身的总结、反思能力。

纸上得来终觉浅，绝知此事要躬行。要发现教学设计中的不足，须经过课堂实践，而后在实践中发现问题、解决问题，力争完善设计。

路漫漫其修远兮，吾将上下而求索。

附件1（见表9-8）

**表9-8 体验图书管理员劳动评分**

<table>
<tr><th>劳动项目</th><th>评分要点</th></tr>
<tr><td>一、清洁卫生（100分）<br>参与小组：1组<br><table><tr><td>序号</td><td>小组得分</td></tr><tr><td>1组</td><td></td></tr></table>评分员签名</td><td>（一）携带工具齐全，无遗漏。（20分）<br>A. 齐全（20分） B. 忘带一样工具（18分）<br>C. 忘带两样工具（16分） D. 忘带三样工具（14分）<br>（二）打扫过程仔细认真，打扫后干净整洁，清洁工具归还原位。（20分）<br>A. 非常符合（20分） B. 符合（18分）<br>C. 不太符合（16分） D. 非常不符合（14分）<br>（三）用时情况：预计时长5分钟。（20分）<br>未超时得20分；每超时1分钟扣2分<br>（四）小组合作：小组协作，分工合理。（20分）<br>A. 非常符合（20分） B. 符合（18分）<br>C. 不太符合（16分） D. 非常不符合（14分）<br>（五）小组纪律：全组同学注意力集中，参与劳动时不大声喧哗。（20分）<br>A. 非常符合（20分） B. 符合（18分）<br>C. 不太符合（16分） D. 非常不符合（14分）</td></tr>
</table>

表9-8(续)

<table>
<tr><th>劳动项目</th><th>评分要点</th></tr>
<tr><td>二、清查书籍(100分)<br>参与小组：2组<table><tr><td>序号</td><td>小组得分</td></tr><tr><td>2组</td><td></td></tr></table>评分员签名</td><td>(一) 登记归还书籍，检查归还书籍时认真仔细，无遗漏。(20分)<br>A. 非常符合 (20分)　B. 符合 (18分)<br>C. 不太符合 (16分)　D. 非常不符合 (14分)<br>(二) 书籍检查完毕，清洁书籍，按书籍从大到小的顺序，从下往上依次摆放书籍。<br>A. 非常符合 (20分)　B. 符合 (18分)<br>C. 不太符合 (16分)　D. 非常不符合 (14分)<br>(三) 用时情况：预计时长5分钟。(20分)<br>未超时得20分；超时1分钟扣2分<br>(四) 小组合作：小组协作，分工合理。(20分)<br>A. 非常符合 (20分)　B. 符合 (18分)<br>C. 不太符合 (16分)　D. 非常不符合 (14分)<br>(五) 小组纪律：全组同学注意力集中，归还书籍有礼貌，不乱扔；参与核定书籍时不大声喧哗。(20分)<br>A. 非常符合 (20分)　B. 符合 (18分)<br>C. 不太符合 (16分)　D. 非常不符合 (14分)</td></tr>
<tr><td>三、整理书籍(100分)<br>参与小组：3组<table><tr><td>序号</td><td>小组得分</td></tr><tr><td>3组</td><td></td></tr></table>评分员签名</td><td>(一) 能将书籍按照门类科目整理得当，归还到相应书柜，不遗漏、不错放(遗漏一本/错误一本扣2分)。(20分)<br>A. 非常符合 (20分)　B. 符合 (18分)<br>C. 不太符合 (16分)　D. 非常不符合 (14分)<br>(二) 书籍整理过程中，能将书柜、书籍擦拭干净；擦拭完毕能将清洁工具归还到位。(20分)<br>A. 非常符合 (20分)　B. 符合 (18分)<br>C. 不太符合 (16分)　D. 非常不符合 (14分)<br>(三) 用时情况：预计时长5分钟。(20分)<br>未超时得20分；超时1分钟扣2分<br>(四) 小组合作：小组协作，分工合理。(20分)<br>A. 非常符合 (20分)　B. 符合 (18分)<br>C. 不太符合 (16分)　D. 非常不符合 (14分)<br>(五) 小组纪律：全组同学注意力集中，劳动时未交头接耳，参与劳动时不大声喧哗。(20分)<br>A. 非常符合 (20分)　B. 符合 (18分)<br>C. 不太符合 (16分)　D. 非常不符合 (14分)</td></tr>
</table>

表9-8(续)

<table>
<tr><th>劳动项目</th><th>评分要点</th></tr>
<tr><td>四、分发新书(100分)<br>参与小组：4组<table><tr><td>序号</td><td>小组得分</td></tr><tr><td>4组</td><td></td></tr></table>评分员签名</td><td>(一) 能将新书分门别类地整理好（包括科目类别与班级顺序）。(20分)<br>A. 非常符合（20分） B. 符合（18分）<br>C. 不太符合（16分） D. 非常不符合（14分）<br>(二) 用时情况：预计时长5分钟。(20分)<br>未超时得20分；超时1分钟扣2分<br>(三) 小组合作：小组协作，分工合理。(20分)<br>A. 非常符合（20分） B. 符合（18分）<br>C. 不太符合（16分） D. 非常不符合（14分）<br>(四) 小组纪律：全组同学注意力集中，劳动时未交头接耳，参与劳动时不大声喧哗。(20分)<br>A. 非常符合（20分） B. 符合（18分）<br>C. 不太符合（16分） D. 非常不符合（14分）<br>(五) 新书分发完毕后能将劳动过程中遗留的垃圾清理干净。(20分)<br>A. 非常符合（20分） B. 符合（18分）<br>C. 不太符合（16分） D. 非常不符合（14分）</td></tr>
<tr><td>五、附加分项目</td><td>感言分享，每人每次加5分，同一小组最多2个名额<table><tr><td>发言人</td><td>小组得分</td><td>组号</td><td>得分</td><td>组号</td><td>得分</td><td>组号</td><td>得分</td><td>组号</td></tr><tr><td></td><td></td><td></td><td></td><td></td><td></td><td></td><td></td><td></td></tr></table></td></tr>
</table>

注：纪律全程监控，可在操作时适当交流，由各小组打分人进行监督打分，如果被老师点名批评，扣10分/次/组

附件2：服务性劳动实践作业设计

项目名称：体验图书管理员劳动

所属年级： 八年级

班 级：

学生姓名：

## 第四节 “我是小小布艺师”职业体验活动方案[①]

### 一、背景分析

资源分析：龙泉驿区向阳桥中学是首批成都市劳动教育试点校，学校对于劳动教育课程非常重视，学校设有专门的劳动教育教研组和劳动教育老师，在此基础上学校每年还利用寒暑假时间设立专门的职业体验活动，让学生能够了解职业体验并参与其中，这就为在学生中开展职业体验课程打下了良好基础。

学生劳动能力分析：八年级学生经过一年的劳动教育实践后，已经具备了一定的实践操作能力，但这样的实践操作能力还不能很好地运用到各种活动或任务的完成中去，这需要学生通过具体的实践活动去整合与运用。

选题依据：教育部颁发的《中小学综合实践活动课程指导纲要》中指出，职业体验是中小学所规定的四种主要活动方式之一，在本质上它体现的是职业与教育的关系，也是学校教育回应社会发展对于人才培养规格和培养模式发生变化的一种体现。因而在学校中开展职业体验课程对于学生个人发展和学校教育发展都有重要意义。

### 二、教学目标

（1）了解将普通布料改造成为环保袋的制作方法。

（2）学生通过使用普通布料、简易缝纫机、废弃扣子、废布条、拉链、针线、小装饰品、马克笔、颜料、剪刀、贴纸等制作、装饰、美化环保袋，从而提高自身动手操作的能力。

（3）学生通过体验布艺工作师的工作过程，体会劳动的艰辛，知道完成职业工作需要自身不懈努力、刻苦付出，进而为自身未来职业的选择做出良好的规划。

① 本案例由成都市龙泉驿区向阳桥中学周健提供。

## 三、教学重难点

重点：学会制作、美化布艺环保袋等基本技能。

难点：有创意地制作、美化布艺环保袋，制作出精美实用的布艺环保袋。

## 四、教学思路

课前物品准备：准备10片布料、简易缝纫机以及废弃扣子、废布条、拉链、针线、小装饰品、马克笔、颜料、剪刀、贴纸等，微课视频。

课前实践准备：将学生按照性别、实践能力、观察能力、总结发言能力进行分组，要求学生以小组为单位，精选本组制作布艺环保袋的所需物品。

各小组明确分工：各小组选派一名评委。授课老师对学生评委进行前期培训，与学生评委商讨评分细则。

课中重点：小老师通过微课视频讲解制作、美化布艺环保袋的过程，在学生理解掌握相关技能之后，现场实践操作，最后总结收获。

课后拓展：开动脑筋，尝试在家利用各种不同材质的原料（如纸、塑料等）制作形式各异、精美的环保袋，进一步提高自身的动手操作能力，懂得完成属于自己的工作需要不懈努力。

## 五、教学准备

场所准备：教室内。

工具材料准备：10片布料、简易缝纫机以及废弃扣子、废布条、拉链、针线、小装饰品、马克笔、颜料、剪刀、贴纸等。

## 六、教学过程（见表 9-9）

表 9-9　教学过程

| 环节 | 教师活动 | 学生活动 | 设计意图 |
| --- | --- | --- | --- |
| 情境导入<br>（2 分钟） | 1. 情景设置<br>老师：（出示 PPT）正如同学们看到的那样，图片上所显示的就是上月代表班级参加才艺秀秀台的两位同学，如果用一个词来形容两人，那真是俊男靓女。当然俗话说，人靠衣装马靠鞍，两位同学有如此完美的亮相，得益于身上精美服装的映衬。而这样精美服装的诞生却来源于一块普普通通的布，得益于布艺师们的心灵手巧！<br>2. 引入活动<br>老师：接下来就请同学们观看视频了解布的一生，感受它在职业布艺师手上华丽的蜕变。<br>（出示 PPT）<br>相信大家看完视频后，都会不禁感叹布艺师巧夺天工的技艺，但老师想告诉大家的是其实只要我们用心，也能让这一块小小的布料发生大大的变化。例如，下图中的所有布艺环保袋都是与你们同龄的同学创作出来的。那么今天，我们就以制作、美化布艺环保袋为例，体验职业布艺师的工作吧 | 学生在观看班级同学的服装展示时，引发思考：如何制作这样精美的服装。<br>学生通过观看视频，了解职业布艺师们的工作内容，为后面体验职业布艺师工作做准备 | 尝试设计一个较为真实的、贴近学生生活的现实案例，激发学生参与课堂学习的积极性，让学生认识到自己也可以像职业布艺师一样创作精美的布艺作品 |
| 淬炼示范<br>（5 分钟） | 1. 观看微课视频<br>老师：首先，请大家一起仔细观看我们小老师提前录制的微课视频，学习一些关于如何制作布艺环保袋的小技巧。过程中要学会记录哦，如果有不清楚的地方，等一下可以举手提问小老师。（播放微视频）<br>2. 小老师现场讲解<br>预设 1：（学生没有问题）此时，教师针对制作过程中的一些重点、难点进行提问，随机请学生回答，帮助学生明确应该如何操作。<br>预设 2：（学生有问题）请小老师现场解答。（前期教师与小老师进行问答实验，帮助小老师明确如何简要回答）<br>预设 3：（学生有问题，小老师不能回答的）教师帮助解答；全班一起讨论得出答案。<br>3. 提炼操作步骤<br>老师：好了，通过观看微课视频与小老师的答疑，我们已经基本了解了应该如何操作，那么现在我们来一起总结一下制作布艺环保袋的过程。（板书）<br>［明确：设计图纸（前期已完成）→准备与整理材料→裁剪布料→缝合布料→美化样品→检测成品实用性］<br>（提醒学生，设计图纸时要有一定的主题体现、特色体现，剪裁中注意对布料的合理规划，做到不遗漏、不浪费；裁剪后注意缝合牢固。成品制作完成后评委要对布艺环保袋的实用性进行检测） | 学生观看微视频进行学习。<br>学生针对视频中不太清楚的地方进行提问，小老师在教师的指导下负责解答。<br>学生提炼操作步骤 | 教会学生自制布艺环保袋的一些基本技能，且由学生来教学生，可以在潜意识中告知学生此项活动较易成功，激发学生的动手操作热情，更好地体验职业布艺师的工作。<br>再次强调操作过程中的重难点，确保实践活动顺利开展 |

表9-9(续)

| 环节 | 教师活动 | 学生活动 | 设计意图 |
| --- | --- | --- | --- |
| 项目实践（22 分钟） | 1. 整理与准备材料<br>老师：经过刚才的总结，大家对于制作、美化布艺环保袋已经有了更深的了解。现在，请大家拿出本组的设计图纸，对照着设计图纸拿出制作布艺环保袋的材料，并将它们有序摆在桌上。提醒大家，材料一定要准备完整，物品摆放一定要有序，这关系到大家接下来制作布艺环保袋是否流畅，以及你的最终成品的质量哦，事关评分，请认真对待。<br>2. 实践操作<br>老师：接下来，请各小组按照自己的设计，根据前期分工进行操作。另外，各组拿一张便利贴贴在自己制作完成后的布艺环保袋上，对自己的成品做简介，包括名称、用途、创新之处等。<br>提醒大家，操作过程中一定注意安全，不得出现有意或无意的伤害行为。也请各组评委就位，请评委们进行公平、公正的评判。<br>（过程中，教师注意巡视，对学生进行观察、指导，发现共性问题时可以停下来进行全班范围的指导；提示学生注意发现操作过程中的优缺点，为后期分享做准备） | 学生看视频、讨论后，选取本组制作布艺环保袋的原材料，为之后的操作做准备，学生动手进行实践操作。<br>评委进行观察，打分 | 他山之石，可以攻玉。学生讨论之后整理与准备制作布艺环保袋的材料，为成品的制作打下坚实基础。<br>让学生动手进行实践操作，以提高学生的实践能力、分工协作及观察等能力，促进学生的全方位发展 |
| 总结提升（10 分钟） | 1. 成品展示与制作分享<br>老师：请各小组代表将本小组制作的布艺环保袋放到讲台上进行展示，并对小组制作的布艺环保袋简要介绍，包括名称、用途、创意等方面。<br>2. 交流心得<br>大家制作的布艺环保袋真是各有千秋，各具风韵。那么接下来，我们来听一听，在这个活动的过程中，大家都有一些什么样的心得感受。（出示 PPT：主要体现制作过程、设计出的成品的优势）<br>学生们可以围绕老师给的这几方面进行思考，当然也不局限于老师给的这几方面，请大家畅所欲言。小评委注意计分。<br>（每个小组发言一次加 2 分，最多只能加 10 分）<br>3. 教师总结<br>从同学们刚才的发言中，老师欣慰地发现，这次活动不仅锻炼了大家的动手能力，还培养了孩子们的反思能力，相信大家有了这一次的体验，以后都能在自己平凡的岗位上做出不平凡的事。<br>请各位小评委将评分单交予班长统分，我们将在今天晚些时候举办颁奖典礼 | 学生展示布艺环保袋成品。<br>学生发言，交流心得 | 欣赏他人的作品，取长补短。<br>活动之后一定要有总结，这可以帮助学生从活动中吸取经验，提高学生的反思能力，进而提高自身的动手能力 |
| 拓展延伸（1 分钟） | 老师：根据今天所学的方法，回家利用各种材质的原材料，制作更加精美实用的环保袋等，在下周一前拍照或制作视频上传班级群。班级推选 3 名优胜者 | 学生再次体验职业布艺师工作 | 让学生再次体验职业布艺师的工作，通过多次体验明白做好自己的工作需要自身的坚持不懈，需要自身的不懈努力 |

### 七、板书设计

我是小小布艺师

情境导入→淬炼示范→项目实践→总结提升→拓展延伸。

### 八、实践拓展

1. 回顾梳理制作布艺环保袋的技能要点，记录在下面表格，并填写评价量表（见表 9-10）。

**表 9-10　评价量表**

<table>
<tr><td colspan="3">职业体验——我是小小布艺师</td></tr>
<tr><td colspan="2">班级：</td><td>姓名：</td></tr>
<tr><td rowspan="3">劳动收获</td><td>劳动项目</td><td>技能要点</td></tr>
<tr><td>制作布艺环保袋</td><td></td></tr>
<tr><td>美化布艺环保袋</td><td></td></tr>
<tr><td rowspan="3">多元评价</td><td>自我评价</td><td>☆☆☆☆☆</td></tr>
<tr><td>同学评价</td><td>☆☆☆☆☆</td></tr>
<tr><td>教师评价</td><td>☆☆☆☆☆</td></tr>
</table>

2. 课后作业

根据今天所学的方法，利用各种材质的原材料，制作更加精美实用的环保袋，并拍照或制作视频上传班级群。

上传时间：下周一之前。

班级根据实际情况，投票选出最佳创意奖 3 名，最佳制作奖 3 名。不重复评奖。

## 第五节　“老师、医生和保洁员”职业体验活动方案①

### 一、活动背景

发展是人的本质属性，特殊儿童同样享有发展的权利。现阶段，特殊儿

① 本案例由成都市青羊区特殊教育学校王海燕提供。

童接受完九年义务教育后，由于其障碍限制，大多数孩子只能回家或到机构托养，在职业教育方面非常欠缺。基于此现实，学校开展生涯教育规划课题，与各学科结合渗透，希望在不同阶段给予特殊儿童不同的生涯教育；同时，能够帮助其塑造健康心理。设计以“学校岗位”为主题的职业体验活动，旨在通过情景体验式教学帮助特殊儿童认识并简单体验身边的职业。活动方式为利用每周三下午综合实践活动时间面对班级学生在教室内开展。

## 二、学情分析

本班学生为培智七年级，共有 13 人，其中唐氏综合征 1 人、智力障碍 2 人、脑瘫 1 人，其余 9 名均为孤独症。在关于职业内容的学习体验方面，本班学生在生活中及生活适应、生活语文等学科中已或多或少有对常见职业的了解，但不系统和深入，并不知道这些工作叫“职业”，也没有职业生涯规划的意识，更不懂其中的态度价值观。更紧要的是，学生已经进入高年级，很快就要结束九年义务教育离开学校，可能面临进入社会，所以希望通过学习，让学生对职业有初步的觉察，以便为将来的生涯发展奠定基础。另外，通过活动，帮助学生意识到每种职业都一样重要，它们是平等关系，并能体会到工作的辛苦与不易，激发学生对从事不同职业的人们的尊敬和敬仰之情。

本活动中之所以设计“老师”（特殊学生对“老师”比“教师”一词更理解）“医生”“清洁工”三种职业重点了解，结合学生情况，具体缘由如下：

老师：孩子们每天都会扮演小老师，进行点名、收发作业、问好等活动，另外本班有 5 名家长是老师，学生相对熟悉此职业，容易学习和理解。

医生：生活语文正在学习课文《我感冒了》，有关于看病的内容，且医生看病是学生实际生活中经常发生的事，结合学科知识与生活场景，所以选择“医生”。

保洁员（清洁工）：学生在劳技课上、班级及家中，都有清洁技能的学习和锻炼经历，同时，此类工作也贴近于特殊孩子的能力，将来他们很大可能从事类似的简单工作，所以选此职业，给予特殊孩子职业选择的启蒙，也让他们知道，每种工作都一样重要、平等，不要有自卑感，慢慢引导孩子塑造积极、健康的心理。

## 三、活动目标

（一）A 组学生（能力较好）

1. 通过学习，认识几种常见的职业，能说出其工作的主要内容。

2. 能对“职业”有初步的觉察。

3. 能够积极参与体验活动，并在语言交流、角色感知、同伴互动方面有所提升。

4. 感知每种职业都一样重要。

（二）B 组学生（能力中等）

1. 通过学习，了解几种常见的职业，能说出职业名称，在教师引导下能说出其工作的主要内容。

2. 在老师提示下对“职业”有初步的觉察。

3. 能够在教师鼓励下参与体验活动，并在语言交流、角色感知、同伴互动方面有所锻炼。

4. 初步感知每种职业都一样重要。

（三）C 组学生（能力较弱）

1. 通过学习，了解几种常见的职业，在老师的辅助下能说出职业名称，在老师的提示下能选出职业及与其对应的工作内容。

2. 知道“职业”一词。

3. 初步感知每种职业都一样重要。

## 四、活动过程（见表 9-11）

**表 9-11　活动过程**

| 活动环节 | | 教师活动 | 学生活动 | 设计意图 |
|---|---|---|---|---|
| 准备阶段 | 1. 听音乐静息 | 播放音乐《好玩的水》 | 听音乐静息 | 安抚孤独症孩子的不稳定、兴奋情绪，以便进入课堂状态 |
| | 2. 师生问好 | 与每一个学生问好 | 回应教师 | 班上大部分孩子语言清晰度弱，逐个问好可以让每个孩子都有机会和老师直接对话 |
| | 3. 引入活动主题 | （1）照片导入，出示部分家长工作时的照片，提问：“照片上是谁?”“他/她在干什么?”“他/她在……，他/她是一名……”（板书出相应的职业）<br>（2）出示活动主题：我身边的职业（黑板贴出示） | 观看照片，回答问题（B 组：提示下回答；C 组：指一指自己父母的照片） | 1. 学生看到自己父母的工作照片，会亲切又有兴趣。<br>2. 先从孩子最熟悉的亲人的职业入手，再泛化到其他职业，较符合特殊孩子的认知特点 |

表9-11(续)

| 活动环节 | | 教师活动 | 学生活动 | 设计意图 |
|---|---|---|---|---|
| 实施阶段 | 1. 了解老师 | (1) 老师：刚才大家看了几位爸爸妈妈的工作照片，老师现在才想起还有两张照片忘记播放，让我们一起来看一看。<br>(2) 同时出示乐乐妈妈和川川妈妈上课的照片，请同学观察并回答“这是哪里?”“她们在干什么?”引出她们都是“老师”(贴板书)<br>(3) 活动：想一想，说一说，我们班都有哪些老师?他们教会我们什么？引导学生感知老师的辛苦，尊敬老师 | 观察照片并回答问题 | 从学生最熟悉的家人引出“老师”，通过“想一想、说一说”的活动，感知老师的辛苦与付出，从而知道尊敬老师、爱老师 |
| | 2. 了解医生 | (1) 老师工作很辛苦，所以生病了，头晕，鼻子也不通气，还有点发烧，怎么办？引出找“医生”。<br>(2) 表演活动：我是小医生（准备一个红十字的贴纸，贴袖子上），请一名同学扮演医生，给老师看病(询问、量体温、看喉咙)。<br>(3) 同桌之间扮演“医生”与“病人”（只扮演量体温环节)。<br>(4) 经过“小医生”的治疗，老师感冒好了，从而体会医生治病救人的工作职责 | 思考并回答<br>扮演医生与病人（A组：同学之间扮演；B、C组：和陪护一起扮演） | 1. 生活语文中刚学过《我感冒了》，打破学科界限，利用语文课文知识引出“医生”。<br>2. 医生是身边最常见的职业之一，每个学生都有看病的经历。<br>3. 在学生已有生活经历的基础上进行模仿，有可行性。<br>4. 体会医生的工作场景 |
| | 3. 了解保洁员（清洁工） | (1) 观看学校保洁员打扫楼道的视频，了解“保洁员”。<br>(2) 请一名保洁员阿姨说一说自己的工作（教师采访式的)，由保洁员阿姨来倡导大家爱护环境卫生。<br>(3) 出示图片，泛化“清洁工”。<br>(5) 体验活动：请每个同学捡起自己桌椅下面的纸屑 | 观看视频<br>引导下回答问题（C组：模仿老师回答）<br>感知保洁员（清洁工）的重要与辛苦，知道要爱护他人劳动成果，不乱扔垃圾等 | 1. 让学生感受到清洁工与其他职业一样重要。<br>2. 让学生树立爱护他人劳动成果、不乱丢垃圾、保护环境的意识 |
| | 4. 拓展其他职业 | 看图片，判断他们是什么职业 | A组学生独立回答；<br>B组提示下回答；<br>C组模仿发音或指一指 | 拓展了解其他职业 |

表9-11(续)

| 活动环节 | | 教师活动 | 学生活动 | 设计意图 |
| --- | --- | --- | --- | --- |
| 总结阶段 | 1. 总结 | (1) 我们今天了解了身边的职业，有……，它们有一个共同的名称叫“职业”（板书画重点线）<br>(2) 每一种职业都有它的职责，它们一样重要。<br>(3) 我们需要好好学习各项技能，希望以后大家也能有一份适合自己的工作 | 聆听、思考、感知 | 1. 让学生知道“职业”。<br>2. 职业没有高低贵贱之分，只有分工不同，一样重要。<br>3. 萌发学生的职业意识 |
| | 2. 放松 | 播放音乐《最好的未来》，在音乐声中请一个同学扮演小老师，组织下课 | 起立、再见 | 1. 歌曲《最好的未来》，寓意每个人都一样，每种职业都一样，特殊孩子也同样有选择职业的权利。<br>2. 学生体验当“老师”的感觉 |

## 五、评价（见表 9-12）

**表 9-12　评价量表**

| 评价项目 | 评价要点 | 评价结果 |
| --- | --- | --- |
| 活动表现 | 1. 学生的参与度。<br>2. 学生的学习态度 | 1. 本节课运用了图片、视频、主题人物现场互动、模拟表演等多种手段，充分调动了培智学生的好奇心与积极性，学生注意力集中，参与度强。<br>2. 学生对此次活动具有浓厚的兴趣，有自主学习和参与意愿。在活动中能主动思考、回答、参与体验等，学习态度好 |
| 活动能力 | 1. 学生认识、体验的情况。<br>2. 学生的人际交往、交流与合作能力。<br>3. 学生动手实践的情况 | 1. 通过活动，该班培智学生对本次活动中设计的三个职业有了更深刻的认识，进而拓展了解了其他常见的职业，初步唤醒学生的职业意识，同时也使家长意识到应关注学生未来的发展，培养学生的自我服务能力或简单的生产操作能力，为他们离开校园后的生活提前做好准备。另外，也帮助学生和家长认识到，每种职业都是平等的，培智学生可以根据自身的能力选择适合的职业，即使是简单的劳动，也不必自卑。<br>2. 培智学生语言交流、人际交往能力弱，通过体验活动，锻炼了学生的合作、交流能力。大部分学生都积极回答问题、参与情景模拟活动。即使语言有困难的学生，通过听、仿说、肢体动作，达到参与交流的目的。<br>3. 在体验清洁工的环节中，在学校清洁工阿姨的号召下，学生们动手捡起身边的垃圾，并在回家后完成扫地的任务，锻炼其动手能力 |
| 活动结果 | 1. 活动目标达成度。<br>2. 家长或陪护的反馈 | 综合学生上课的情况、活动后的书面任务单及家长的反馈意见来看，此次活动达到了设定的活动目的，活动效果良好 |

## 第六节 “我是小小维修员”职业体验活动方案[①]

### 一、活动背景

为促进学生德智体美劳全面发展、五育并举，向阳桥中学大力发展劳动教育，树立学生正确的劳动观念、积极的劳动品质，向阳桥中学一直与成都汽车职业学校联合开展学生职业启蒙教育，将职业相关专业知识带入向阳桥中学课堂，进行职业理论知识讲解，让学生对职业有一定的了解，对职业的定位与认识更加精准。学生在课堂中学会了一些职业的岗位设置与该职业的发展前景，学会了解一种职业的方法，能够结合自身情况对职业有一个初步选择，激发学生的职业兴趣，学生在了解职业的过程中学会了对职业的尊重，激发了学生积极的职业情感。

为了让学生能够更加全方位地了解职业，了解未来职业的发展趋势，了解职业必备的基本技能，形成职业素养，形成职业启蒙，从而达到学习与职业规划，我校特与成都汽车职业技术学校开展暑期职普融通贯通式职业体验，特制定本方案。

### 二、活动对象

成都市龙泉驿区向阳桥中学初 2020 级 13 个班级，全体学生 532 人，全体班主任 13 人，带队年级行政 3 人，以及部分家长代表 13 人。

### 三、活动时间

2022 年 7 月 7 日 8：00—18：00。

午餐地点：成都市汽车职业技术学校食堂。

### 四、基地简介

（一）基地概括

成都汽车职业技术学校是龙泉驿区唯一一所公办中职学校，占地 300 余亩。2022 年，该校成功申请为四川省研学旅行基地，也是四川省第一家职业

---

① 本案例由成都市龙泉驿区向阳桥中学、成都汽车职业技术学校提供。

院校型旅行基地，并获“四川省优秀研学旅行营地”称号。学校建有汽车职业体验中心、数控职业体验中心、机械加工职业体验中心、旅游职业体验中心、学前教育职业体验中心、计算机职业体验中心，共有 112 个一体化体验室，设备价值超 1 亿元，可以同时开展超过 1 000 人的职业体验活动。

成都汽车职业技术学校自 2019 年开始致力于职业启蒙教育。经过多年实践探索，课程体系成熟，开发感知体验课程 9 门，体验活动项目超 20 项，活动覆盖人数达 50 000 余人，影响辐射省内外，曾受邀参加全国首届新时代劳动与职业启蒙教育论坛，各类活动、成果被国家、省、市等各级媒体报道，具有丰富、成熟的职业启蒙教育经验。

（二）教育理念

面向中小学开展职业启蒙教育活动，旨在帮助中小学生初步了解社会职业，把学生的兴趣作为职业的启蒙点；促使学生合理规划人生，帮助学生更早获得职业认知，开启学生对职业、未来以及价值的思考，努力去实现个人价值；帮助学生树立尊重所有职业、职业不分贵贱、每种职业都能产生相应价值的积极价值观。

## 五、研学课程介绍

目前开展职业体验主要通过两种途径，分别为认知式职业体验与项目式职业实践体验。

1. 认知式职业体验课程（见表 9-13）

**表 9-13　认知式职业体验课程**

| 序号 | 课程 | 简介 | 备注 |
| --- | --- | --- | --- |
| 1 | 汽车维修 | 1. 普及行业职业、工作内容、发展前景。<br>2. 行业发展历程、相关技术、技能、工艺等。<br>3. 推荐课程，中国工业、现代制造业发展的代表，借以传达工匠精神，发现机械魅力，发掘兴趣 | |
| 2 | 汽车制造 | | |
| 3 | 汽车销售 | | |
| 4 | 新能源汽车 | | |
| 5 | 智能制造 | | |
| 6 | 旅游服务 | | |
| 7 | 计算机 | | |
| 8 | 学前教育 | | |

2. 项目式职业实践体验项目（见表 9-14）

**表 9-14 职业体验项目**

| 序号 | 专业编号 | 专业大类 | 分类及职业 | 项目编号 | 项目及对应职业 |
|---|---|---|---|---|---|
| 1 | A | 汽车 | 汽车维修 | A1 | 汽车钣金・汽车修理工 |
| 2 | | | | A2 | VR 喷涂・汽车修理工 |
| 3 | | | | A3 | 汽车保养・汽车修理工 |
| 4 | | | | A4 | 焊接・焊工 |
| 5 | | | 汽车制造 | A5 | 汽车装配・汽车装调工 |
| 6 | | | | A6 | 汽车模型涂装・汽车涂装工 |
| 7 | | | | A7 | 基本技能・汽车修理工 |
| 8 | | | | A8 | 钳工・钳工 |
| 9 | | | 无人驾驶汽车 | A9 | 智能网联汽车调试・汽车调试工 |
| 10 | | | 新能源汽车 | A10 | 新能源汽车装配・汽车装配工 |
| 11 | | | | A11 | 新能源小汽车组装・汽车装配工 |
| 12 | | | | A12 | 动力电池检测・汽车修理工 |
| 13 | B | 智能制造 | 智能加工制造 | B1 | 数控纪念章制作・数控车工 |
| 14 | | | | B2 | CAD 趣味绘图・CAD 绘图员 |
| 15 | | | | B3 | 机器人编程与操作・机器人编程员 |
| 16 | | | | B4 | 激光打印・数控车工 |
| 17 | | | | B5 | 机器人操控・机器人编程员 |
| 18 | | | | B6 | 钳工・钳工 |
| 19 | C | 旅游服务 | 旅游服务与管理 | C1 | 调酒・调酒师 |
| 20 | | | | C2 | 茶艺・茶艺师 |
| 21 | D | 学前教育 | 学前教育 | D1 | 手工体验坊・手艺人 |
| 22 | | | | D2 | 奥尔夫音乐体验坊・音乐教育者 |
| 23 | E | 计算机 | 计算机 | E1 | PS 软件使用・修图师 |
| 24 | | | | E2 | 图形设计演示・设计师 |

## 六、行程安排

经与成都汽车职业技术学校职业启蒙教育团队沟通，综合考虑学生兴趣、需求等因素，确定3门认知课程及8项职业体验项目，以班级为单位开展活动，计划每班开展3门认知课程及3项体验项目。具体安排见表9-15。

**表9-15　行程安排**

| 行程安排 | | | | | | | | | | |
|---|---|---|---|---|---|---|---|---|---|---|
| 课程／时间 | 学术中心（认知体验） | 汽车第一实训中心（职业体验） | | | | | 数控实训中心（职业体验） | | | |
| | 1. 汽车制造<br>2. 新能源汽车<br>3. 智能制造 | A3保养 | A4焊接 | A5装配 | A7基本技能 | A8钳工 | A9智能网联汽车调试 | A11新能源小车组装 | B3机器人编程 | B4激光打印 |
| 9：00—10：20 | 1～3班 | 4班 | 5班 | 6班 | 7班 | 8～9班 | 10班 | 11班 | 12班 | 13班 |
| 10：40—12：00 | 4～6班 | 7班 | 8班 | 9班 | 1班 | 2～3班 | 13班 | 12班 | 11班 | 10班 |
| 14：00—15：20 | 7～9班 | 10班 | 11班 | 12班 | 13班 | 5～6班 | 1班 | 2班 | 3班 | 4班 |
| 15：40—17：00 | 10～13班 | 5班 | 6班 | 7班 | 8班 | 9班 | 4班 | 3班 | 2班 | 1班 |

## 七、活动安全预案

1. 所有参与人员（包括学生）必须保证手机开机，保证体验过程及时、随时联系。

2. 师生在校园内突发疾病、意外伤害，带队教师及时联系总负责领导，视轻重由校医作处理或送社区医院，严重者及时送往当地医院急救。

3. 体验项目的开展严格按照成都汽车职业技术学校《实训中心安全管理办法》，体验场所设有安全提示标志、灭火器、消防栓、安全通道等。

4. 成都汽车职业技术学校设有医护室，配备校医；此外，按照体验班数配备安全人员，负责引导疏散，协同班主任管理。

附件：1. 向阳桥中学“整车流水线装配”教学设计（见表9-16）

2.《汽车维修初体验——车轮拆装》教学设计

附件 1

## 表 9-16　向阳桥中学“整车流水线装配”教学设计[①]

| 项目 | 汽车装配 | 体验职业 | 汽车装配工 |
| --- | --- | --- | --- |
| 授课教师 | 张京川　郑辉禄 | 授课对象 | 初中生 |
| 地点 | 成都汽车职业技术学校<br>汽车实训中心 | 授课学时 | 2 课时（90 分钟） |
| 一、体验说明 | | | |
| 汽车装配是汽车制造中的生产环节，汽车装配工则是汽车制造中岗位需求最大的岗位之一。本项目提炼于学校汽车实训项目——整车流水线装配，模拟企业汽车总装配车间的流水线装配作业，指导学生应用相关工具、设备完成设定零部件装配 | | | |
| 二、体验目标 | | | |
| 1. 通过实物展示讲解，学生初步认识汽车的主要组成部件、装配所需工具、设备以及工作环境；<br>2. 通过教师示范以及学生实践操作，学生学习操作装配相关设备，使用工具完成汽车零部件的拆装；<br>3. 学生通过体验感受汽车装配工岗位的工作技能和工作环境，认识到汽车装配是需要力量、技巧、智慧的工作，建立对汽车装配工符合现实的认知，激发学生对职业选择的思考 | | | |
| 三、实施准备 | | | |
| 设施设备：发动机装配线、整车装配线、捷达整车。<br>工具：安全帽、塑料凳子、货架（金属、塑料）、零件盒（黑色，蓝色）、工具套装、工具车。<br>人员：指导教师 2 人；体验学生 30~35 人，2 人/组 | | | |
| 四、注意事项 | | | |
| 1. 强调车间生产要求：安全第一，规范操作；<br>2. 严禁违规操作；<br>3. 工具轻拿轻放；<br>4. 完成作业，工具、零部件放置规定位置；<br>5. 听从教师安排 | | | |

① 由成都汽车职业技术学校张京川、郑辉禄提供。

表（续）

| 五、活动流程 | | | | |
|---|---|---|---|---|
| 环节 | 活动内容 | 教师活动 | 学生活动 | 时间分配 |
| 参观 | 1. 了解生产操作注意事项；<br>2. 参观，认识车间环境、设备设施 | 1. 强调生产操作注意事项；<br>2. 带领学生参观并讲解 | 1. 听讲；<br>2. 参观 | 10分钟 |
| 认知讲解 | 1. 图文及实物认知汽车主要组成：车身、底盘、发动机、用电设备；<br>2. 图文及实物认知汽车装配需要用的设备设施：发动机装配传送装置、车身吊架 | 引导讲解 | 听讲，认知 | 10分钟 |
| 操作示范 | 1. 学习发动机装配传送装置的使用及注意事项；<br>2. 主要零部件的拆装：进气歧管、机油滤清器、正时皮带 | 1. 示范设施的使用；<br>2. 强调注意事项 | 1. 观察学习传送装置的使用；<br>2. 牢记注意事项 | 10分钟 |
| 实践操作 | 学生操作：<br>1. 传送装置的操作；<br>2. 3个岗位为小循环，配合3个零配件的拆装 | 1. 分配岗位；<br>2. 指导学生操作；<br>3. 保证操作安全 | 1. 岗位就位；<br>2. 2人1组配合操作；<br>3. 需要帮助，思考后，请教老师 | 15分钟 |
| 休息5分钟 | | | | |
| 操作示范 | 1. 车身吊架的认识和使用；<br>2. 安全带、地毯的拆装 | 1. 示范吊架的操作；<br>2. 示范车轮的拆装 | 1. 观察学习车身吊架的操作；<br>2. 观察学习车轮的拆装 | 10分钟 |
| 实践操作 | 学生操作：<br>1. 车身吊架的操作；<br>2. 2个岗位为小循环，配合2个内饰部件的拆装 | 1. 分配岗位；<br>2. 指导学生操作；<br>3. 保证操作安全 | 1. 岗位就位；<br>2. 2人1组配合操作；<br>3. 需要帮助，思考后，请教老师 | 20分钟 |
| 反思交流 | 1. 学生分享体验收获；<br>2. 表彰表现优秀学生；<br>3. 优秀学生代表发表感想；<br>4. 教师总结（围绕职业平等、职业素养） | 组织总结 | 分享交流 | 10分钟 |
| 六、活动反思 | | | | |
| | | | | |

## 附件2:“汽车维修初体验——车轮拆装”教学设计①

### 一、背景分析

资源分析:首先,龙泉驿区有成都龙泉国际汽车城,2011年11月16日,四川省政府批准并原则同意《四川省成都天府新区总体规划(2010—2030)》。龙泉驿区是成都(国家)经济技术开发区所在地,在天府新区总体规划中,又被列入“一带两翼、一城六区”空间布局中的高端制造产业功能带和高端制造产业功能区,其核心是以汽车研发制造为重点,发展航空航天、工程机械以及节能环保设备等高端制造产业。学生对于汽车行业比较了解,因为身边人从事汽车制造较多,也有一定的知识基础。其次,成都汽车职业学校坐落在龙泉驿区,可为本次课程提供专业的教师教学团队。

学生劳动能力分析:学生为初二学生,共16人,10名男生,6名女生,50%左右有汽车方面的兴趣,也具备一定的汽车知识和实践操作能力。超过90%的学生具备较强的表达能力,30%的学生主动思考积极性高,50%的学生拥有较强的动手能力。综上所述,根据学生特性,将其均分为4小组,每组4人开展小组合作学习。

选题依据:2017年9月25日教育部发布《中小学综合实践活动课程指导纲要》(教材〔2017〕4号)(简称《纲要》),《纲要》明确指出,“通过自觉参加班团活动、走访模范人物、研学旅行、职业体验活动,组织社团活动,深化社会规则体验、国家认同、文化自信,初步体悟个人成长与职业世界”。

### 二、教学目标

1. 通过学习学生了解轮胎更换的流程,能够正确使用轮胎拆装工具。

2. 在通过榜样激励激发学生的劳动热情的基础上,通过讲解示范、淬炼操作、项目实践帮助学生学会轮胎拆装工具的使用以及正确拆装轮胎;通过反思总结深化学生对工具使用、轮胎拆装技能的理解和掌握。

3. 通过实践体验,提升学生合作学习的能力和动手能力,感受职业工作内涵,学生养成吃苦耐劳、专注认真的职业素质,建立尊重和认可所有职业的职业平等观念。

① 由成都市汽车职业学校梁康松、成都市龙泉驿区向阳桥中学饶隐譞提供。

## 三、教学重难点

重点：轮胎拆装工具的正确使用。

难点：正确拆装轮胎。

## 四、教学思路

课前准备：根据学情将学生分成4个小组，每组4人；维修工单4份、整车4辆、维修工具4套、手套20双、汽车4辆。

课中重点：教师讲解示范更换轮胎的基本技能，学生理解掌握之后，现场实践操作，最后总结收获。

课后拓展：了解汽车行业相关的其他知识技能，形成整体认知。

## 五、教学准备

工具材料准备：维修工单4份；整车4辆；维修工具4套；手套20双；汽车4辆。

## 六、教学过程

（一）导入（师生互动区3分钟）

导入：播放龙泉汽车城宣传片。视频所说的“这里”是哪里？从2011年省政府建立天府新区·成都国际汽车城，到现在发展成世界知名、中国一流的成都国际汽车城和成渝经济区的重要增长极核。十年实践同学们见证了我们的家乡龙泉的发展，今天我们就一起来了解拉动龙泉经济的汽车行业，接下来有请成都汽车职校的梁老师来为大家做具体的讲解。

设计意图：通过播放家乡龙泉汽车城宣传片视频，激发学生参与本节课的积极性，同时引入本节课汽车制造的相关知识。

（二）讲解说明（7分钟）

师：同学们，你们好。你们所了解的汽车维修是什么？或者说是做什么的呢？

生：（回答）。

师：究竟是不是大家理解的那样呢？我们来看个视频印证下。

（观看视频）

师：汽车维修是集知识、工艺、经验于一体的复杂工作，新能源汽车和智能网联汽车的面世，对汽修工作者的要求更高了。当然，一名维修工的成长是需要时间的，不是一蹴而就的，在不同阶段发挥出不同价值的同时，也会随着认知、能力、技术、经验等方面的提升，逐渐成长为汽修专家、汽修工程师，引领行业的发展。张永忠用三十年的坚定步伐，蜕变成全国发动机维修专家、大国工匠。1997年出生的杨山巍在他不断的努力、练习、反思后，年仅20岁时就获得了车身修复世界技能大赛冠军。而这一切，都始于基础工作。所以今天，我们就来体验汽车维修工的工作，完成更换轮胎的基本维修项目。

师：当然，还有个问题，什么情况下需要更换轮胎？

生：爆胎、换新轮胎等。

师：工欲善其事，必先利其器，我们开始做准备。

师：轮胎是通过螺栓固定在轮毂上的，所以我们的工作就是将螺栓拆下来，这里就必须使用工具。桌上的这些就是我们今天要用的工具。

师：接下来，我们依次进行认识和学习，请戴上手套。

师：依次介绍、示范工具的使用。①千斤顶；②维修工具箱；③扭力扳手；④车轮挡块；⑤车内保护三件套；⑥翼子板布。

师：工具都认识且知道怎么使用了吗？下一步做什么呢？（换轮胎），没错，你们看，更换轮胎的委托来了！

师：王老师，你好！（你好，梁老师！是这样的，我们这里有几辆车的轮胎出了点问题，需要更换，能否麻烦帮忙更换？）好的，王老师，我们这有几组非常优秀的修理工见习生，你是否愿意让他们帮忙更换呢？（没问题，我相信你们培养出来的小师傅，请过来帮助我们）好的，待会见！（待会见！）

师：那事不宜迟，请带上工具，出发！

（三）淬炼操作（5分钟）

师：为了保证同学们操作的规范性、安全性和专业性，老师将给大家演示一遍，请大家结合手上的工单，对照学习。在开始之前，需要强调，在实际生产中，我们一定要做到“安全第一、规范操作”，这是我们最重要的要求，也是我们每次开始操作前需要心中念、口中报的口令。所有同学，我们的要求是：安全第一，规范操作！

（教师示范，讲解操作要点）

（四）项目实践（20分钟）

师：老师的示范到此结束，同学们如有操作疑问请提问。（解决疑问）在过程中如有其他疑问，可以请教老师或者汽修专业的几位学长——×××学长、×××学长，他们都是参加过市级、省级汽修技能比赛且获过奖的优秀学生，基本功非常扎实，能够帮助大家保证过程中的操作安全性，以及给予专业指导。同时，他们对你们操作情况同步记录，这也将成为我们评出优秀小组的依据。

师：若无疑问，请举手示意！所有同学，我们的要求是：安全第一，规范操作！请开始操作。

（学生操作，巡回指导）

（五）项目总结（3分钟）

师：时间到，请恢复场地，整理工具，集合。

师：首先恭喜所有小组在合作下都完成了轮胎的更换，完成了王老师的委托！同时我们应该感谢几位学长的专业指导，请送给他们掌声。大家在整个过程中做到了“安全第一、规范操作”，表现不分伯仲。根据实际表现，综合几位学长的记录及建议，我们选出了今天的优秀小组——×组，在整个过程中配合默契，操作规范专业，体现了优秀的维修人员素质，请×组上台领奖。（领奖），那么请派一名代表发表感言。

生：（遇到了什么困难、怎么解决、学会了什么）

师：更换轮胎只是汽车维修里最基础的一个维修项目，在这个项目里，除了需要力量，也需要技巧，还充满智慧。而随着技术的发展，汽修工作对汽车维修人员提出了更高的要求。汽修人员的工作环境确实不够光鲜亮丽，每天接触油污，但专业、敬业、专注、坚持、智慧、认真负责、吃苦耐劳、身体素质，缺一不可，并不是一份只需要拧螺丝的工作。

在今天的体验中，老师看到了同学们的认真、专注、合作、不放弃、不怕脏等非常多优秀的品质，全身心投入“车辆维修”工作中，老师特别感动，感受到了你们对汽修工作者由衷的尊重。那么，请带着这份感受和心情，回到教室，和梁老师分享。

（六）反思总结（2分钟）

通过以上学习，你的收获和感悟是什么？

总结：古语有云，民生在勤，勤则不匮。职业不分贵贱，劳动创造价值，所有的劳动都需要发挥我们的主观能动性和创新能力。就像今天的体验——更换轮胎，虽然是苦活累活，是体力活，但是也需要我们有知识、用智慧才能完成。辛苦之后看着我们换完轮胎的车子又充满活力，大家内心是充实和骄傲的，相信劳动带给了你们快乐和幸福。

设计意图：通过反思总结，引导学生回顾劳动历程，树立不怕吃苦坚持不懈的劳动品质；通过实践活动的体验培养学生热爱劳动，也让学生认识到劳动创造价值。

七、板书设计

汽修工作初体验——拆装轮胎。

1. 汽修工作的新认识

2. 轮胎拆装工作的认识和使用

八、实践拓展

1. 回顾梳理轮胎拆装的过程，并记录在下面表格，并完成评价（见表 9-17）。

**表 9-17 评价量表**

| 汽车维修初体验——轮胎拆装 | | |
|---|---|---|
| 班级： | | 姓名： |
| 劳动收获 | 劳动项目 | 技能要点 |
| | | |
| | | |
| | | |
| 多元评价 | 自我评价 | ☆☆☆☆☆ |
| | 同学评价 | ☆☆☆☆☆ |
| | 教师评价 | ☆☆☆☆☆ |

2. 根据实践和后续对汽车的维护，并查阅资料搜集信息，小组合作制作一本汽车维护手册。

## 第七节 “菜单”服务‘职’向未来”职业体验教育典型案例①

中共中央办公厅、国务院办公厅印发《关于推动现代职业教育高质量发展的意见》，指出“在普通中小学实施职业启蒙教育，培养掌握技能的兴趣爱好和职业生涯规划的意识能力”。我校结合学校专业特色和地方经

① 本案例由成都市石化工业学校提供。

济发展，通过开发职业体验教育“菜单式”课程，贯通职业体验活动流程，推动中小学职业体验教育开展，提升职业教育美誉度，为中小学生未来职业生涯奠定基础。

## 一、实施背景

“职业体验”是《中小学综合活动课程指导纲要》所规定的四种主要活动方式之一。职业体验将体验式学习与职业生活情境联系起来，就是让学生置身于丰富的、与各种职业活动相关的情境中，让其全身心地参与到各种职业性的实践活动中去，使其获得相应的真切认知与情感体悟，从而加深对自我世界、生活世界、职业世界和社会发展的理解，并将这样的理解与其自身的未来相联系。2020 年，国务院印发《国家职业教育改革实施方案》，明确了职业教育与普通教育是两种不同教育类型，具有同等重要地位。同时强调，要完善国家职业教育制度体系，职业教育启蒙和职业体验作为职业教育的根基，对完善现代职业教育体系具有重要意义。2021 年中共中央办公厅、国务院办公厅印发《关于推动现代职业教育高质量发展的意见》指出“在普通中小学实施职业启蒙教育，培养掌握技能的兴趣爱好和职业生涯规划的意识能力”。作为职业教育的重要阵地，中职学校如何结合自身特色和优势开展职业教育，开展中小学职业体验，值得深思。

## 二、主要目标

### （一）职业体验有助于推动教育方针的实现

“培养什么人”“怎样培养人”“为谁培养人”是我国教育事业的根本任务。职业体验教育是习近平新时代中国特色社会主义思想在教育领域的新要求，是新时代党的教育方针的基本要求和延伸，是全面发展教育体系的重要组成部分。职业体验教育形式多样，如让学生走进企业参加实践，从而拉近学生对职业的认识，开展“大国工匠”进校园活动，让学生感知劳动者的职业形象，促进中小学生“工匠精神”的培养，凸显了职业体验教育的重要性。

### （二）促进中职教育与普通教育沟通与融合

中职学校面向中小学开展的职业体验教育，是以职业教育内容为载体，通过教育途径让学生体验职业，认识世界、了解自我，提升学生职业生涯规划能力的教育活动，是促进中职教育与普通教育相互沟通与融合的有效手段。

（三）加深中小学生对职业生涯规划的认知

中小学生长期处于学校教育之中，对将来的职业生涯充满期待，他们对于未来职业前景充满着理想化的憧憬，职业体验能让学生发现和拓展自己的兴趣点，有效帮助学生形成对职业的认识，培养其职业能力，使其具备职业知识和职业理想，能为学生在未来的职业选择中提供帮助并有效促进学生个人能力发展。

## 三、实施过程

随着经济发展和信息化程度的提升，社会各界逐渐开始关注中小学阶段的职业体验教育，并开始在传统的中小学课程中融入职业技能的相关内容或者知识点，但对于7~15岁的孩子来说其很难有吸引力，更无法架构起他们对于职业的认知体系和情感认同。因此，只有注重中小学生职业体验教育的课程资源开发，才能迅速适应的时代需要。石化工业学校作为彭州市唯一的中职学校，在注重结合学校专业发展和彭州地域特色的情况下，在开展中小学职业体验建设和实践中做了有效探索。

（一）构建"认知—体验—初级技能"三段式职业体验课程

遵循7~15岁学生的认知发展规律，结合九年义务教育的学段实际，将课程从学段的维度划分为三个阶段，即7~9岁为第一阶段，10~12岁为第二阶段，以及13~15岁为第三阶段。对于中小学生来说，职业体验教育主要指职业技能的通识类教育，包含了职业意识、职业理想、职业规范等。我校将课程从教学的维度划分为认知、体验和初级技能培训三个阶段。同时，从实践操作的维度，根据职业学校的设备及资源情况，将课程分为理论课程和实操课程。课程资源体系见图9-2。

第一阶段以认知类课程为主，主要通过音视频、讲座和团建活动对各类职业项目有初步认知，以理论讲授为主要形式。第二阶段以实践体验类课程为主，可以让学生到专业的实训车间、职业体验基地和企业进行真实场景的实践体验式教学。第三阶段以初级技能培训为主，向参与技能实践并获得专业老师认可的学生发放体验证书。课程菜单见图9-3。

主要通过音视频、讲座、团建活动对各类职业有初步认知，以理论讲授为主

对于中低年龄段学生最具吸引力，紧紧围绕我校12个专业设置20余门“菜单”课程，供中小学生体验、参与

主要针对初中阶段的学生，注重参与职业技能的培训，在我校专业教师的引领下完成职业初步技能训练

**图 9-2　成都石化工业学校职业体验课程资源体系**

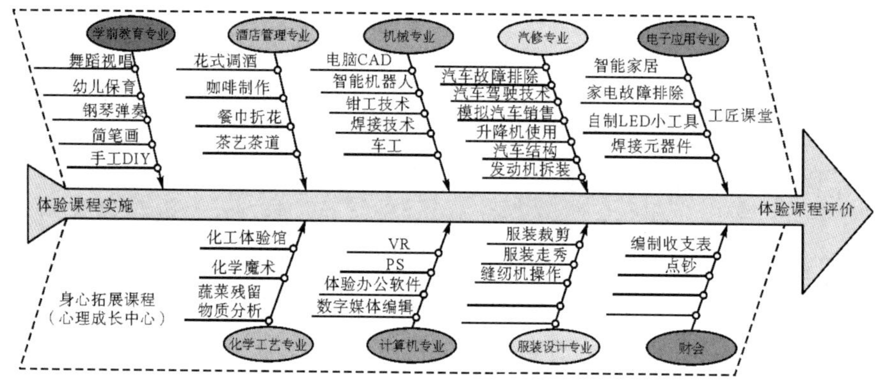


**图 9-3　我校实践类职业体验课程菜单**

（二）实施职业体验活动措施

1. 搭平台，建团队（见图 9-4）

石化工业学校从 2017 年开始初步尝试对接全市初级中学初三学生到该校参与职业体验活动，每年均有 70~80 位教师参与活动的设计、开发与授课，为全市学生提供职业体验和指导服务。

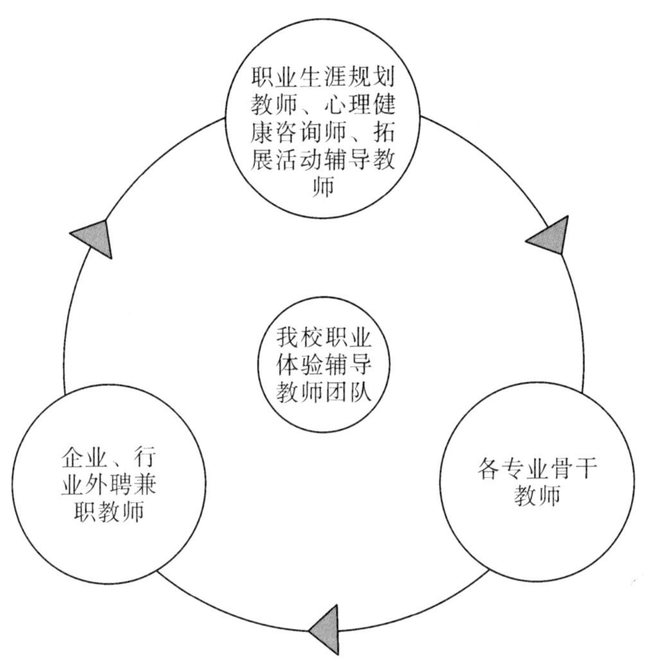


图 9-4　石化工业学校职业体验师资团队

2. 设标准，定要求

为规范职业体验活动，石化工业学校每年根据专业和中小学生实际情况确定主题、日程安排及学生体验活动反馈评价的标准等，制定了《职业体验方案》，对各体验项目推敲、论证，让学生们耳目一新，落实了“六个一”要求（见图 9-5）。

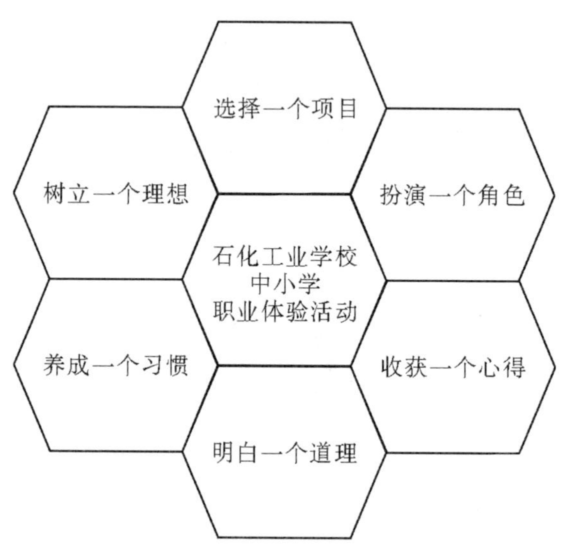


**图 9-5　石化工业学校职业体验课程的“六个一”要求**

3. 创模块，强体验

遵循“体验与收获并重”的原则，石化工业学校开发设计了系统创新职业体验项目，设计了职业体验流程图，形成了五大模块（见图 9-6），参与体验的中学生可以在众多模块的相关项目中选择参与 1~2 个项目，深入探知职业，从中寻找与自我适配的职业。授课教师不仅会给学生讲解不同项目的职业特点，还会让学生自己动手体验。为了保证职业体验课程的品质，学校建立了定期微调机制，以适应社会发展的需求，并扩展了学生的个性发展空间。

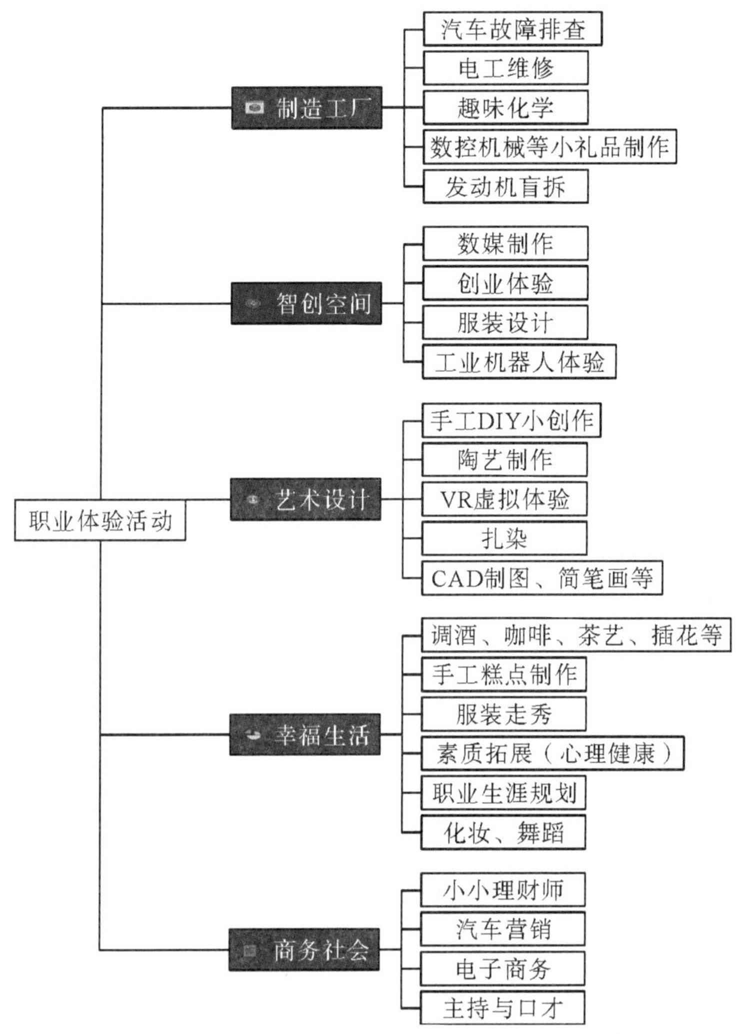


**图 9-6　石化工业学校职业体验课程模块资源**

4. 全过程，重评价

在职业体验活动开展中，石化工业学校始终注重全过程的运行及体验活动结束时学生的评价。从职业体验活动的筹备、申请、组织等多方面综合筹划，确保活动取得实效。同时该校也积极在每年的 5 月集中地开展职业教育活动月活动，通过集中组织中小学生到校开展职业体验活动，营造职业教育的良好社会氛围。其体验流程见图 9-7，体验现场见图 9-8。

| 需求调研 | 课程选择 | 行前准备 | 职业体验 | 评价反馈 |
|---|---|---|---|---|
| 积极与中小学联系，做好参与学生需求调研，对接联系人，制定活动方案，由彭州市教育局向全市学校发布活动安排及要求 | 开放问卷星预约平台，做好课程选择、时间选择，配备好校内各项资源 | 对接职业体验相关车辆、参与人员、职业体验所需素材等，各中小学进行安全教育、职业体验的引导等 | 按照既定的方案、流程，在我校开展职业体验活动 | 体验结束，发放证书、分享总结，反馈意见 |

图 9-7　石化工业学校开展职业体验流程图

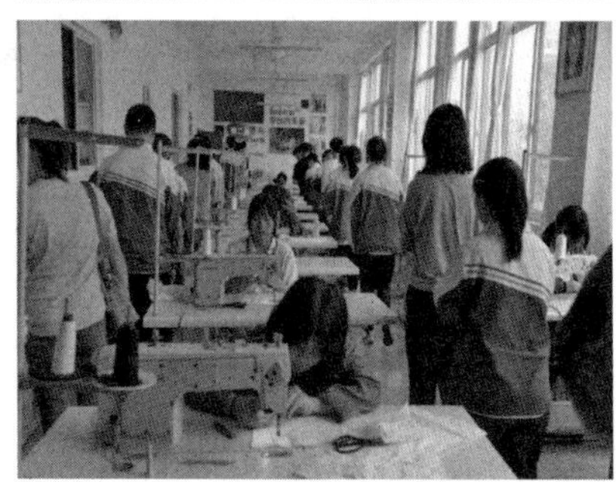

图 9-8　石化工业学校开展职业体验照片集（部分中小学到校参观、职业体验）

## 四、条件保障

（一）上级部门高度重视

石化工业学校开展的职业体验活动，上级主管部门彭州市教育局的领导及下属德育科、学前与终身教育科等科室都非常重视，特别是针对中学生职业体验，以文件形式明确了到该校参与活动的时间、人数及形式，市领导、教育局主要领导亲自参加职业教育活动月启动仪式，为开展该项活动提供了政策保证。

（二）组织保障

成立职业体验活动工作小组，全面负责对接全市中小学职业体验及职业教育活动与系列活动的具体实施。

（三）制度保障

建立有效的责任机制、工作规范和严格的管理考核办法，实行学校与专业科室两级管理，以及全过程检查、考核、调控机制，保证职业体验活动的顺利进行。

（四）资金保障

落实资金管理办法，实行全过程管理，严格审核，专款专用，保证用于开展职业体验活动的各项资金效益。

## 五、成效与推广

经过近四年特别是职业教育高速发展的近两年时间，石化工业学校在面向彭州市中小学生职业体验活动中涉及的基地建设、师资建设、课程建设、活动建设日趋完善，初步形成了“一专业一品牌”的职业体验活动格局，整个校园俨然成为全市中小学生职业体验的“嘉年华”。目前已经辐射全市 20 余所中心学校的 5 000 多名学生，收获了众多“铁杆粉丝”。

（一）职业体验课程的实施，开启了学生探索职业生涯之门

职业体验活动课程为学生了解社会搭建了桥梁，引导学生认识自我、了解社会职业、感知职业魅力、树立职业理想；引导学生依据自身个性和潜力初步确定自己的职业倾向，描绘发展路径，主动设计未来的人生，进行自我引导。反馈材料显示，参与职业体验活动后，超过一半的学生对相关职业有了进一步的认识，绝大多数学生表示对自己的未来职业生涯有了初步思考。

### （二）职业体验体系的构建，推动了彭州市职业教育工作的开展

小学生、初中生职业体验教育服务体系的构建，既发挥了各参与主体的主观能动性，又体现了区域统筹协调的价值作用，使区域内职业教育资源以新的面貌展示在全市学生及家长、社会面前，充分发挥了职业教育面向人人的功能，有力地推动了彭州市职业体验教育的开展。

### （三）职业体验活动的开展，提升了职业教育的社会美誉度

以职业体验活动课程的开发与实施为抓手，大力开展面向中小学学生及家长的职业体验教育，是职业学校创新发展的一个有效途径，也是提升职业学校社会服务能力、回归职业教育本源的一项重要举措。该举措提升了我市职业教育的美誉度和影响力，吸引了有关媒体的关注，省市各类媒体（含电视台）均对我校的职业体验活动开展情况进行了详细报道。

## 六、体会与思考

石化工业学校在推进职业体验活动中先行先试，取得了诸多的收获，做好了职普融通，搭建了多元平台，加强了中小学生职业体验教育，笔者在活动运行和实践中也有了以下的体会和思考：

（1）要开展多种形式的职业体验夏令营（冬令营）活动，让更多的中小学生亲身参与职业岗位体验实践活动；同时还可以邀请中小学的班主任参与，让更多的老师也了解职业教育，体验职业岗位活动。

（2）应充分利用现代化的媒体手段，传播职业理念，在区域范围内广泛宣传全国、省、市级职业技能大赛获奖选手的风采，以及他们在工作岗位上所取得的成绩，让更多的人尊重职业教育，感受大国工匠精神。

（3）鉴于安全等原因，可以通过走进中小学校园，开展“送职业体验进校园”，探索“职业学校—中小学”共同开发职业体验课程资源，让学生耳濡目染，亲身感受职业技能的魅力。

（4）争创“彭州市职业体验基地或者职业教育研修中心”，充分发挥其职业教育的功能，助力中小学生更加集中地通过基地辐射认识职业教育、接受职业教育、追求工匠精神，将来成为大国工匠。为即将升入大学的普高学生提供认识职业教育、职业岗位、工匠精神等方面的学习体验活动。

（5）加强职业体验辅导教师专业能力提升。行业的发展日新月异，新技术、新材料层出不穷，新的职业形态不断出现，因此在开展职业体验活

动中要继续强化职业体验辅导教师的专业能力。一是建构基于职业体验教育课程教学的教师研修；二是转变教师原有的专业本位传统教育观念，要多关注 7~15 岁学生学习与创造的积极性、主动性；三是积极关注行业、市场新的变化，针对新的业态和变化，设置符合时代特征的职业体验课程和项目。

（6）“内联外引”拓展职业体验资源库建设。加大社会资源的引入，如与区域内航利集团、天府中药城等园区大型企业合作，拓展校外职业体验基地，提升职业体验对接区域经济的针对性。同时积极聘请行业、企业的专业人才、大国工匠，担任校内职业体验课程、讲座等活动的老师，提升职业体验的档次。

总之，在职普融通的背景下，石化工业学校将继续开展好职业体验活动，积极谋求政府在政策引导、经费支出、设施利用等方面增加投入；同时也要加大对于职业教育、职业体验活动开展的宣传力度，充分发挥职业教育、职业体验活动的辐射作用，让家长和学生充分了解国家在职业教育改革、提升学子升学途径方面的举措。石化工业学校将更有效地开展职普联手，做好职普融通，引导中小学生做好职业生涯规划，树立正确的职业观，热爱职业教育，为地方经济建设、社会发展培养更多更好的应用型技术人才。

## 第八节　“成就出彩人生”职业体验教育典型案例①

为贯彻落实《国家职业教育改革实施方案》《中共中央国务院关于深化教育教学改革全面提高义务教育质量的意见》《四川省职业教育改革实施方案》关于发挥职业教育优势、开展职业教育启蒙的工作要求，按照市教育局前期工作安排和部署，龙泉驿区教育局于 2020 年 8 月在成都汽车职业技术学校启动职业教育启蒙试点工作，积极探索职业启蒙与劳动教育模式。

### 一、资源整合，多线条齐头并进

为确保职业启蒙与劳动教育试点工作顺利推进，成都汽车职业技术学

① 本案例由成都汽车职业技术学校提供。

校创建了职业启蒙与劳动教育项目，以校内团队及教育教学资源为根本，进行资源整合，多线条开展工作。组建校外专家团队，聘请成都市教育科学院、江苏师范大学相关专家为学校职业启蒙与劳动教育实践模式、课题研究、体验活动过程评价进行全面指导。

石化工业学校视频课程已在投入使用，超过 5 000 人次结合本系列课程进行了校内模拟体验，区内参与体验的中小学生反响热烈，我校收到多次纸质体验反馈。借此契机，石化工业学校与青台山小学、向阳桥中学达成共建职业启蒙与劳动教育研学基地意向，开拓校外实践基地。为了践实“感知体验（进学校）——模拟体验（到石化工业学校）——实践体验（进企业）”的职业启蒙与劳动教育模式，学校与哈工大机器人成都有限公司、沃尔沃汽车体验中心等企业共同开设了职业体验实践项目。拟在“感知体验”和“模拟体验”后，组织学生到企业进行参访和岗位体验，在进行岗位体验的同时让学生巩固和加深职业认知。体验结束后再借助“择业决策动因、就业能力综合、就业能力专项”测评系统的专业测试，为学生形成全面科学的职业倾向建议。

## 二、校校合作，多渠道开放资源

成都汽车职业技术学校牵头组建劳动教育团队、中职学校与企业劳动教育联合团队。多元团队的建立，成为课题立项的关键，团队多视角提出的关于劳动教育项目的落地实践的建议，使 2020 年 4 月青台山小学的到校体验人数总共超过 5 000 人次，体验活动得以成功开展。

该校活动开展的渐进式操作模式见图 9-9。

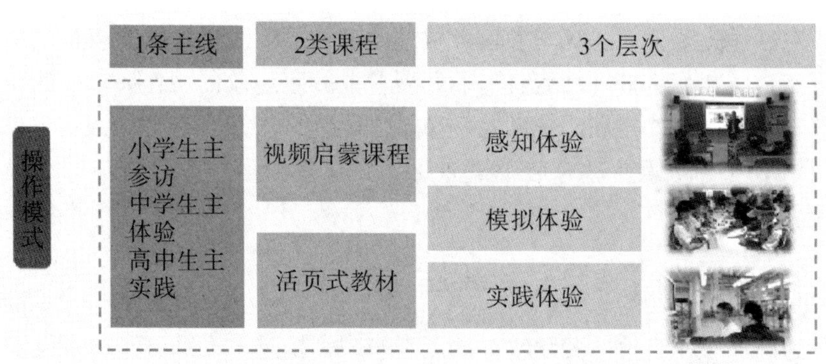


图 9-9　渐进式操作模型

## 三、多措并举，全方位推进工作

为深入推进职业教育启蒙试点工作，将“职业体验教育”作为“五育”中劳动教育的重要形式加以实施，龙泉驿区教育局多措并举，积极推动相关工作：一是发挥成都汽车职业技术学校优势，联合区内中小学深入开展职业启蒙与劳动、职业认知、职业体验教育，分学段、针对性开展劳动教育，探索建设中小学生职业体验中心或研学基地，推进职业院校资源面向基础教育阶段学校开放；二是强力推进职业启蒙与劳动课程，职业大类构建职业启蒙与劳动教育课程目标和内容体系；三是加强与成都市教育局、区级各部门沟通交流，有效推动工作开展。

# 第十章　高中阶段职业体验活动方案

## 第一节　“渔耕田”项目解说员职业体验活动方案[①]

### 一、背景分析

目前，中学地理教学受到各种条件的限制，闭门造车的现象较为严重，学生动手实践的机会不多，地理实践水平普遍不高。《普通高中地理课程标准（2017 年版）》的颁布，对中学生地理实践力培养工作提出了新标准和高要求。在地理教学中带入综合实践活动，可以让学生在劳动实践中得到锻炼、发展，不断提升行动能力，磨炼意志品质，同时提升学科素养。

### 二、学情分析

高一年级学生已学习地理中农业区位因素及一些简单的农业技术相关知识，具有一定农业知识储备。此外，本阶段学生自我意识明显增强，独立思考和处理事物能力有一定发展，但需要教师正确的引导，需经多样化学习后逐步成长。

### 三、活动目标

1. 学习有关农业的地理知识，了解农业讲解员需要具备的知识和素养，掌握项目课程开发的实践操作方法。

2. 体验自主学习、合作探究、真实实践的过程，提升资料搜集整理、

---

① 本案例由四川省新津中学梁沙提供。

实践操作和创新的能力。

3. 探究劳动实践中的地理规律与原理，运用地理学科知识提出创造性劳动的举措。

4. 激发学生学习地理的兴趣，磨炼意志品质，培养正确的价值观和社会态度。

## 四、活动流程（见表 10-1）

**表** 10-1　**活动流程**

| 教学阶段 | 时间安排 | 教师活动 | 学生活动 | 设计意图 |
| --- | --- | --- | --- | --- |
| 准备阶段 | 课时 1 | 明确本次职业体验活动融合地理学科的主题内容：在天府农博园体验“渔耕田”现代农耕文化讲解员职业 | 明确项目 | 职业体验活动与学科教学结合，探索“五育融合”之路 |
| | | 成立“讲解员职业角色体验”项目课程开发小组 | | 分组探究，增强学生的团队协作、合作探究、解决问题的能力 |
| 实施阶段 | 课时 1+课时 2（90 分钟） | 带领学生赴天府农博园进行参观 | 一方面了解园区的选址、区划建设和以“渔耕田”为代表的现代农业技术相关情况；另一方面观摩讲解员的工作过程，接受讲解员岗前培训 | 实地探究，学习生活中的地理知识。探索将知识转化为技能与能力的路径 |

表10-1(续)

| 教学阶段 | 时间安排 | 教师活动 | 学生活动 | 设计意图 |
|---|---|---|---|---|
| 实施阶段 | 课后一周的准备实践 | 教师指导下开展小组讨论 | 小组讨论，制订出角色体验课程开发的目标和计划，如成果作品、研究方法、具体分工、实施步骤等 | 使学生学会合作学习，深入探究，进入劳动实践层面。通过劳动，促进学科课程中知识学习的深化，促进知识向技能与能力转化。实现学生由初级体力劳动向高水平智力劳动转变 |
| | | 指导学生资料搜集方向，深入项目背后的学科知识 | 搜集农博园内农业生产活动的历史发展变化、“渔耕田”现代农业技术相关知识，创造性地撰写地理学科特点突出的讲解词；搜集讲解员工作的基本职责和要求的材料，通过小组合作模拟训练讲解员工作流程 | |
| | 周六 | 带队体验、<br>观察记录、<br>做好评价 | 利用假期，赴天府农博园进行讲解员职业角色体验，接受讲解员和游客提出的意见和建议；对讲解词进行修订 | |
| 总结阶段 | 课时 3+课时 4（90 分钟） | 带领学生进行实践成果展示，组织学生对成果进行自评、互评等 | 以制作的 PPT 和撰写的课程材料为依托，举办项目课程开发报告会；遵循表现性评价为主，结果性评价为辅的原则，以自评、同伴互评和指导教师评价相结合的方式开展评价活动；将评价结果和职业角色体验感想编入课程资料 | 本环节对学生前期工作进行评价反馈，激励学生继续前行，最大限度发挥教育育人价值 |
| | 课后一周内 | 组织学生对实践成果进行归纳总结，编制校本课程 | 在小组讨论下整理、撰写、汇编成课程资料，内容包括农博园，“渔耕田”现代农业技术的简介，讲解员工作职责与要求、讲解技巧、讲解词、应急问题处理等 | 本环节将学生实践所得知识、经验、体会汇集成册，让学生主动编制校本课程，整个过程中充分实现学生更好、更全面地发展 |

## 五、评价（见表 10-2）

表 10-2　评价

| 评价标准 | | 自我评 | 同伴评 | 教师评 |
|---|---|---|---|---|
| 参与合作态度 | 积极与他人协作 | | | |
| | 能与他人协作 | | | |
| | 基本与他人协作 | | | |
| 发现探究问题 | 善于思考，能发现并解决实践中的问题 | | | |
| | 能按要求解决实践中的问题 | | | |
| | 完全依赖别人解决问题 | | | |
| 收集处理信息的能力 | 经常收集有关资料，及时整理、归类、存放 | | | |
| | 注意收集有关资料，做好整理、归类、存放 | | | |
| | 参与收集资料，有资料可查 | | | |
| 完成任务情况 | 完成各项任务，且质量较高 | | | |
| | 完成各项任务，且有一定质量 | | | |
| | 完成各项任务 | | | |

# 第二节　“走进工业 4.0　见证‘中国智造’”职业体验活动方案①

## 一、背景分析

高中阶段考察探究类的综合实践活动课程以研究性学习为主，通过主题研究的形式来组织实践活动，实践过程中体现出研究与体验并重的原则。学生在完成项目任务或在解决问题的过程中形成理性思维和批判质疑、勇于探究的精神。

① 本案例由成都航天中学童颇提供。

以研究性学习为主的考察探究类综合实践活动课程思路见图 10-1。

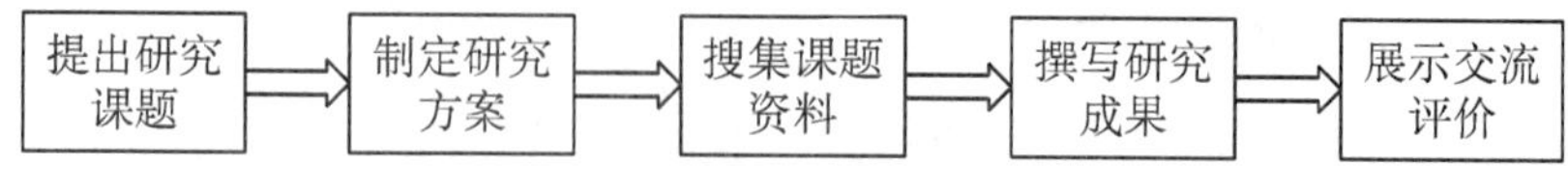


**图 10-1　课程思路**

成都沃尔沃汽车品牌体验中心（中国）坐落于成都市龙泉驿区，目前已获得“成都市工业旅游示范点”“全国工业旅游联盟理事单位”“成都市龙泉驿区工业旅游示范基地”和“成都市龙泉驿区中小学实践基地”等称号。沃尔沃汽车品牌体验中心（中国）不仅展示了沃尔沃汽车的造车理念，以及其在安全、健康、环保层面的高追求，也让更多人了解了安全对于每一个人的重要性。它不仅向全国展示了成都的汽车产业水平，更成为汽车文化的展示窗口，带动提升了成都市工业产业形象乃至整个城市的形象。成都沃尔沃汽车品牌体验中心的工业研学是龙泉驿区乃至成都市重要的课程资源。合理开发和利用区域优质课程资源，有效开展高中综合实践活动，不仅是高中综合实践活动课程的需要，更是中小学进行全面育人教育教学的需要。

结合综合实践活动课程的要求及学科核心素养要求，学生可以走进沃尔沃汽车生产工厂，体验和感受当代工业的典范，加强对汽车工业及相关职业的认识，通过实践研究，完成综合实践活动的研究性学习任务。

## 二、学情分析

本次综合实践活动对象是高二学生。该阶段学生已具备相关的知识储备，研究性学习能力较强。学生需要将理论与实践相结合，提高自身的实践应用能力，培养各学科核心素养，促进自身全面发展。

## 三、活动目标

1. 了解成都汽车产业发展现状，强化学生对家乡的热爱，提升民族自豪感。

2. 分析成都经济技术开发区汽车工业区位条件，评价沃尔沃汽车工业区位条件，提出未来发展措施建议。

3. 成都沃尔沃汽车品牌体验中心作为成都市龙泉驿区工业旅游示范基地，评价其旅游开发条件。

4. 小组合作，提出研学疑问，综合运用所学知识解决问题，掌握课题研究的常用方法和基本规范。

## 四、活动过程

1. 明确考察探究类综合实践活动实施内容（见表 10-3）

**表 10-3　活动实施内容**

| 教学阶段 | 教师活动 | 学生活动 | 设计意图 |
| --- | --- | --- | --- |
| 准备阶段 | 对学生进行实践活动指导，明确研究性目标及小组任务；进行安全教育。<br>引导学生明确研学内容、活动流程，制定活动手册，进行团队建设、行前培训等 | 小组合作，明确分工，做好充分的准备，明确研学任务（自主选择研究性课题） | 培养学生综合实践活动的安全意识、研究意识。为活动的实施做好准备工作 |
| 实施阶段 | 带学生一起进行综合实践活动，辅助学生完成研究性学习任务。<br>引导学生采用调查、观察、实验、文献、对比研究等多种方法进行研究 | 小组合作，完成研究性任务。通过实践体验、观察思考，综合运用多学科知识解决问题 | 实践实施环节，体现以学生为主的实践活动 |
| 总结阶段 | 引导学生进行研究性学习总结。如研究论文或成果报告、校园展示、主题汇报等 | 撰写研究报告，并进行实践活动总结反思 | 进行实践活动总结，提炼成果 |

2. 明确学生在本次实践活动中的研究性内容

结合学生的学情，各学科可以提供相关的研究主题和内容。如成都沃尔沃汽车品牌体验中心的部分学科研究主题（见表 10-4）。

**表 10-4　成都沃尔沃汽车品牌体验中心部分学科研究主题内容**

| 学科 | 主题 | 内容 |
| --- | --- | --- |
| 地理学科 | 工业、旅游 | 1. 成都经济技术开发区工业区位调查。<br>2. 成都沃尔沃汽车工厂区位条件分析评价。<br>3. 成都经济技术开发区工业旅游评价及建议 |
| 政治学科 | 经济与社会 | 1. 沃尔沃汽车企业经营策略分析探究。<br>2. 沃尔沃汽车企业文化理念与社会影响探究 |

表10-4(续)

| 学科 | 主题 | 内容 |
| --- | --- | --- |
| 数学学科 | 时间 | 人类反应速度与汽车安全时间平衡探究 |
| 职业生涯 | 工人、人工智能 | 未来汽车相关职业探究 |

3. 明确学科的探究内容——地理学科探究内容（见表 10-5）

**表 10-5　成都沃尔沃汽车品牌体验中心地理学科研学内容**

| 走进工业 4.0，见证“中国智造”<br>——成都沃尔沃汽车品牌体验中心 | | |
| --- | --- | --- |
| 体验内容 | 内容简介 | 研学任务 |
| 一、智能制造体验 | 了解沃尔沃汽车生产的各个环节：冲压、焊装、涂装、总装。据称，平均每 2.5 分钟就有一辆由沃尔沃在中国制造的汽车出口至世界各地。沃尔沃汽车是目前中国唯一出口欧美成熟市场的豪华汽车品牌，出口全球超过 70 个国家和地区。成都工厂生产的汽车面向欧美等国家和地区出口，出口比例近 40% | 1. 了解汽车的零部件来源，分析工业分散的原因。<br>2. 了解沃尔沃汽车工厂劳动力的数量及工程技术人员素质，分析汽车工业对劳动力区位的要求。<br>3. 分析沃尔沃汽车当前主要面向的市场及未来发展方向和措施 |
| 二、品牌体验 | 了解沃尔沃汽车发展历史，品牌体验区分为过去、现在和未来三大版块。品牌体验区利用互动式、数字化的手段将品牌历史与文化巧妙融合。比如用“声光电”技术深入浅出地讲述了“行人侦测”系统的原理。“大象秤”演示的是当速度到某个区间时，人体承受的冲击力。“安全带测试滑梯”则告诉你系安全带的重要性，哪怕是在市区，也不可疏忽。在“现在”时区的最后，还有一辆令人极其震撼的碰撞试验车 | 1. 通过汽车的发展，感受科技的进步。说明科技因素对工业区位的影响。<br>2. 了解沃尔沃汽车的品牌文化，说明其对市场的影响力。<br>3. 零距离体验沃尔沃汽车的安全守护系统，感受自动驾驶、智能互联、电气化和共享出行等未来技术与沃尔沃汽车的发展融合，身临其境感受未来高效便捷的出行生活。<br>通过学习和体验，激发学生对智能科技的兴趣、探究和思考 |
| 三、北欧文化体验 | 通过品鉴 life style 生活精品和北欧特色美食，触达沃尔沃汽车所倡导的北欧生活方式 | 1. 体验北欧美食，了解北欧饮食文化。分析其与地理环境的关系。<br>2. 对比四川与北欧地区美食差异，分析两地的自然及社会经济条件差异 |

## 五、评价（见表 10-6）

表 10-6　评价

| 一级指标 | 二级指标 | 评价内容 | 分值 | 我的得分 |
|---|---|---|---|---|
| 自我管理 | 文明素养 | 文明乘车（就座、谈吐、零食、卫生） | 5 | |
| | | 文明参观（聆听、规范、认真、安静） | 5 | |
| | | 活动中有序礼让（有序、随队、用语、交往文明） | 5 | |
| | 纪律意识 | 服从管理、听从指挥（服从老师及组长管理：自主、自觉、暗示、提醒） | 8 | |
| | 时间意识 | 规范参观（按照安排有序规范参观） | 5 | |
| | | 时间管理强，遵守时间节点，不影响活动流程 | 5 | |
| 综合实践 | 实践态度 | 学习态度端正（积极、认真、勤奋、谦虚） | 5 | |
| | 实践准备 | 学习准备充分（知识、用具、资料、心理） | 5 | |
| | 实践过程 | 学习过程记录（清晰、认真、全面、准确） | 5 | |
| | 实践方法 | 学习活动方式（自主探究、多种方法解决问题） | 8 | |
| | 小组合作 | 组内合作学习（分工、担当、合作、完成） | 8 | |
| | 成果交流 | 与人交流分享（发言、讨论、提供智慧） | 10 | |
| | 实践收获 | 成果呈现精准（作品、感悟、总结、论文） | 10 | |
| 团队协作 | 团队意识 | 团队利益为重、团队配合、积极沟通、合作共赢 | 8 | |
| | 合作态度 | 团队协作、合理分工、互相尊重、主动承担 | 8 | |
| 合计 | | | | |

## 第三节 “感受劳动之美”职业体验教育典型案例[①]

### 一、校企合作，学做一体

成都职业技术学校与成都红枫有限公司合作开展为期一周的职业体验，职业体验内容为乳胶漆工艺施工、瓷砖镶贴。建筑装饰专业学生在红枫公司的专业师傅的带领下，细心学习施工技法，积极实践课堂所教的理论知识。红枫公司的专业师傅严把关、严要求、细指导，手把手进行教学。

学校企合作活动，结合所学专业依托职业体验，让学生真正地动手实干，参与劳动，保证学生在劳动中打好基础、学好技术，做到真正的学有所成，并让学生切实感受到劳动的意义、劳动的快乐，以及学会在生活中更加尊重他人的劳动成果，完成对学生的劳动教育（见图 10-2）。

图 10-2 学生进行实践教育

### 二、深耕研学，知行合一

成都职业技术学校建筑施工专业学生在清园进行研学活动，在土团房泥土抹面、土团墙建造中接受劳动教育。学生亲眼看到、亲手触摸自然建筑——土团房，且全身心参与建设。老师对全体同学关于自然建筑土团

① 本案例由成都职业技术学校提供。

房、土团墙的建造，从材料到工艺，做了简单介绍，并引领同学们参观了半成品的土团房。同学们对于冬暖夏凉、设计感十足的土团房赞叹不已。参观完毕就轮到了各个小组的同学分工合作、动手操练了。老师深入各个组详细讲解操作要领，指导同学们的动作。同学们从起初的似懂非懂，到不断琢磨、调整动作，很快就掌握了各个操作技能，迅速开展起了各自的工作。喷水的、搬土的、抹墙的、调泥的、筛沙的，同学们分工协作，乐在其中。片刻的休憩过后，下午场的工作继续开始，同学们以及老师们都各自回到了自己的位置上，戴上手套、提上泥土、筛着砂石、拿着铲子，又开始了忙碌的建设工作。有了上午的经验，下午各个组的进度明显提高了不少，很快土团房外墙的抹面已经交汇，屋顶的抹面工作已经完成了大半，茶室土墙基本完工，厨房的土墙也已经从低矮的石堆砌成了半高的墙，同学们的心里充满了成就感。身上的泥土都是同学们最好的“勋章”（见图 10-3）。

**图 10-3　学生参与土团房建设**

### 三、紧扣实践，践行专业

成都职业技术学校电商专业学生在学校首届商贸节活动全过程积极投入“商品采购、网店申请、网店推广、直播带货、短视频带货和电子商务贸易节 O2O 体验”的职业体验中感受劳动教育。

在本次职业体验的准备阶段，在老师的支持与引导下，学生们的 33 个店铺组建成功，并开展了店长动员会。学生基于平时的学习积累，针对此次项目分板块完成了集中培训。学生为各自店铺撰写了图文并茂的商品营销推文，真正把学到的知识运用到实际的宣传运营中，在专业老师的指导下，学生团队的 33 个线上店铺全部搭建完成。学生慧心巧思，独立设计出本店铺用于开展线下推广的 DM 单和 KT 板。

在本次电商专业职业体验期间，学生们通过搭建的网购平台售卖商品，线上操作发货。此外，学生们还负责校内“送货到班”“送货到手”的工作，电商专业学生们忙碌的身影穿梭在学校各个角落。除此之外，学生们进行了线上直播，在线上直播卖货的过程中，幕前的学生们激情介绍产品并讲解，幕后的学生保证后勤工作的完善，大家通过职业体验进行真真切切的劳动，收获成果（见图 10-4）。

**图 10-4　学生线上直播带货**

电商专业学生在线下也开展了售卖商品的职业体验活动，每个小组各成员支起桌子、摆上桌布、列出商品，激情地向路过的每一个行人进行推销，认真地向潜在客户介绍商品。学生们红通通的脸、热情的笑容、脸上的汗水，都反映着他们对这种依托职业体验开展的劳动教育的热爱（见图 10-5）。

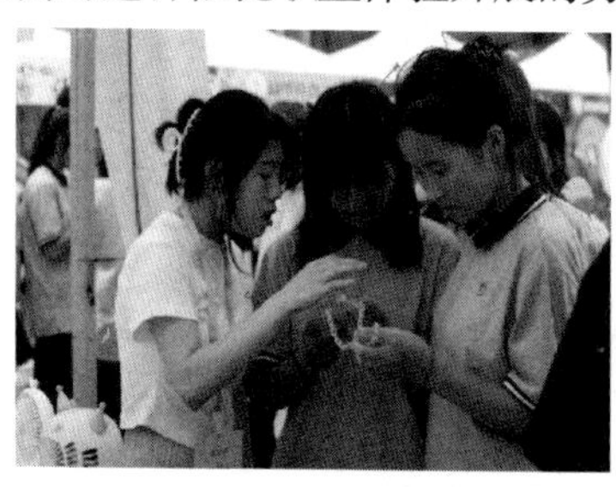
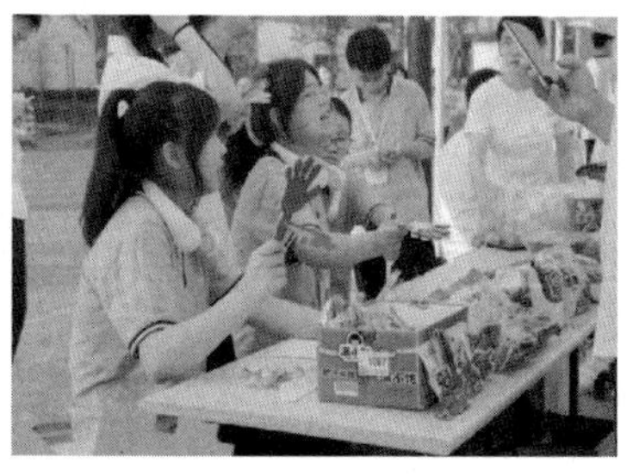

**图 10-5　学生线下售货**

# 参考文献

[1] 中国百科大辞典编委会. 中国百科大辞典 [Z]. 北京：华夏出版社，1990.

[2] 夏征农，陈至立. 辞海（下） [Z]. 上海：上海辞书出版社，2015.

[3] 中国社会科学院语言研究所词典编辑室. 现代汉语词典 [M]. 北京：商务印书馆，2016：1288，1683.

[4] 梅洛-庞蒂. 行为的结构 [M]. 杨大春，张尧均，译. 北京：商务印书馆，2005：307.

[5] 杜威. 民主·经验·教育 [M]. 彭正梅，译. 上海：上海人民出版社，2009：37-41.

[6] 约翰·杜威. 民主主义与教育 [M]. 王承绪，译. 北京：人民教育出版社，2001：325.

[7] 马克斯·韦伯. 经济与社会（上卷）[M]. 北京：商务印书馆，1997：163.

[8] 马克斯·韦伯. 新教伦理与资本主义精神 [M]. 阎克文，译. 上海：上海人民出版社，2010：173-265.

[9] 胡塞尔. 欧洲科学的危机与超越论的现象学 [M]. 王炳文，译. 北京：商务印书馆，2001：76-86.

[10] 马克斯·范梅南. 生活体验研究：人文科学视野中的教育学 [M]. 宋广文，等译. 北京：教育科学出版社，2003：65.

[11] 皮亚杰. 结构主义 [M]. 倪连生，王琳，译. 上海：商务印书馆，2010：78.

[12] 梁雄. 荀子简释 [M]. 北京：中华书局，1983：118.

[13] 中华人民共和国教育部. 义务教育劳动课程标准 [S]. 北京：北京师范大学出版社，2022.

[14] 叶澜，陈桂生，瞿葆奎. 向着科学化的目标前进：试述近十年我国教育研究方法的演进 [J]. 中国教育学刊，1989 (6)：8.

[15] 陈佑清. 体验及其生成 [J]. 教育研究与实验，2002 (2)：11.

[16] 石中英. 教育学研究中的概念分析 [J]. 北京师范大学学报 (社会科学版)，2009 (3)：29-31.

[17] 刘奉越. 日本高职教育“就业体验”的特点及启示 [J]. 江苏技术师范学院学报，2009 (5)：76-80.

[18] 董显辉. 职业文化的内涵解读 [J]. 职教通讯，2011 (15)：5-7.

[19] 徐爱新，安月辉. 解析日本职业生涯教育 [J]. 教育与职业，2011 (18)：81-83.

[20] 邱开金. 职业体验：职业教育的理性回归 [J]. 职教论坛，2012 (24)：20-22.

[21] 刘献君. 论文化育人 [J]. 高等教育研究，2013 (2)：3.

[22] 和克纯，邱开金. 基于工具理性与价值理性的现代职教问题研究 [J]. 职教论坛，2012 (36)：12-13.

[23] 王瑶，管欣. 高职院校职业体验教育研究探析 [J]. 三门峡职业技术学院学报，2013 (6)：27，28-29.

[24] 李燕. 论职业体验在高校职业指导中的运用 [J]. 教育与职业，2013 (27)：94-95.

[25] 陈衍. 职业教育要从娃娃抓起 [J]. 职业技术教育，2014 (12)：4.

[26] 郑玉清. 现代职业教育的理性选择：职业技能与职业精神的高度融合 [J]. 职教论坛，2015 (5)：31-32.

[27] 陈鹏. 大职教观视野下现代职业教育体系的构建 [J]. 教育研究，2015 (6)：70-72.

[28] 张德伟. 国际中小学劳动教育初探 [J]. 中国德育，2015 (16)：39-44.

[29] 魏巍. 弘扬匠心文化展示职业精神 [J]. 职业教育，2016 (10)：31.

[30] 刘晓，黄卓君. 青少年儿童职业启蒙教育：内涵、内容与实施策略 [J]. 中国职业技术教育，2016 (23)：32-37.

[31] 北京市东城区青少年学院景东学区分院等创转型新路谱职教新篇 [J]. 北京教育 (普教版)，2017 (1)：76.

[32] 吕君. 韩国“自由学期制”改革刍议 [J]. 比较教育研究, 2017 (1): 68.

[33] 宋倩华. 德育课程的职业准备教育与体验式教学相结合的必要性 [J]. 教育现代化, 2017 (2): 14-15.

[34] 陈海娜. 德国职业体验课程的教育理念分析及其启示 [J]. 广州广播电视大学学报, 2017 (3): 18-19.

[35] 陈琛. 创新小学阶段儿童职业生涯教育路径的探讨 [J]. 福建教育学院学报, 2017 (4): 121.

[36] 倪建娟. 初中生物教学中渗透职业生涯教育的实践探索 [J]. 中学生物学, 2017 (7): 70.

[37] 李蕾, 陈鹏. 发达国家职业启蒙教育的经验与启示 [J]. 职教论坛, 2017 (21): 93.

[38] 徐峰, 石伟平. 新世纪以来上海市关于普职融合教育政策: 回顾、特征和展望 [J]. 职教通讯, 2018 (1): 24.

[39] 金谈, 陈辉, 范晓莹. 基于核心素养培养的中小学职业体验课程探索 [J]. 北京教育 (普教), 2018 (2): 56.

[40] 周齐佩, 潘波, 孙日强“职业体验”活动体系构建的探索与实践 [J]. 教育与装备研究, 2018 (2): 31-34.

[41] 黄琼. 综合实践活动课程的核心立意与实施策略 [J]. 中国教育学刊, 2018 (2): 69-70.

[42] 黄琼, 中小学职业体验活动要抓住关键要素:《中小学综合实践活动课程指导纲要》“职业体验”主题解读 [J]. 人民教育, 2018 (3): 70.

[43] 王昕明. 区域推进职业体验课程包建设的实践与思考 [J]. 江苏教育研究, 2018 (27): 48-51.

[44] 吕君, 韩大东. 核心素养背景下韩国中小学职业生涯教育探究 [J]. 职业技术教育, 2019 (7): 70-71.

[45] 王敏. 英国政府与业界人士联手为小学提供职业教育 [J]. 世界教育信息, 2019 (7): 76.

[46] 沈有禄. 应当鼓励中等职业院校联合中小学开展劳动和职业启蒙教育 [J]. 云南教育 (视界时政版), 2019 (11): 1.

[47] 林克松, 熊晴. 职业院校联合中小学开展劳动教育: 逻辑、向度与机制 [J]. 教育与职业, 2020 (1): 28-33.

［48］徐国庆. 作为现代职业教育体系关键制度的职业教育高考［J］. 教育研究，2020（4）：95-106.

［49］刘慧娟，陈永平. 我国职业启蒙教育的价值、困境与实现路径［J］. 职教论坛，2020（8）：132-136.

［50］赵庭，赵广忠. 打造劳动教育的“金牛模式”：访成都市金牛区教育局局长丁学林［J］. 中国德育，2021（3）：46-49.

［51］吴宝明. 产教融合视野下高职院校“三教”改革［J］. 教育与职业，2021（6）：51-54.

［52］曾天山.“岗课赛证融通”培养高技能人才的实践探索［J］. 中国职业技术教育，2021（8）：5-10.

［53］李平.“双减”落地让教育回归本真［J］. 陕西教育（综合版），2021（10）：39.

［54］李政.“双减”政策落地，职业教育何为［J］. 职教通讯，2021（10）：1.

［55］陈群. 提质培优背景下增强职业教育适应性的出发点、难点与突破点［J］. 教育与职业，2021（11）：5-12.

［56］肖慧，刘强，吴柯江. 普职联动构建中小学劳动教育实践基地的研究［J］. 教育科学论坛，2021（15）：70-73.

［57］沈会超. 论“双减”背景下职业教育发展新趋势［J］. 辽宁高职学报，2022（2）.

［58］杨红荃，方星. 职业启蒙教育缓解角色焦虑的社会互动理论分析［J］. 职教论坛，2022（4）：37-44.

［59］陈子季. 深入贯彻落实《职业教育法》依法推动职业教育高质量发展［J］. 中国职业技术教育，2022（16）：5-12.

［60］吴柯江，喻昌学，高瑜. 区域推进中小学劳动教育课程建设的策略［J］. 教育科学论坛，2022（20）：22-24.

［61］曾天山. 全面落实新职业教育法需要攻坚克难［N］. 中国青年报，2022-05-30（06）.

［62］李玉兰. 新职业教育法“新”在哪儿［N］. 光明日报，2022-04-28（08）.

［63］中共中央、国务院关于全面加强新时代大中小学劳动教育的意见［Z］. 中华人民共和国国务院公报，2020（10）：7-11.

［64］中华人民共和国教育部. 大中小学劳动教育指导纲要（试行）［Z］. 教材〔2020〕4 号，2020-07-07.

［65］辛继湘. 体验教学研究［D］. 重庆：西南大学，2003：7-9.

［66］孟景舟. 职业教育基础概念的历史溯源［D］. 天津：天津大学，2012：40-42.

# 后　记

职业教育与普通教育融合开展职业体验教育，是构建技能型社会的重要基础，对加快培养数以千万计的知识型、技能型、创新型劳动大军，促进我国经济社会高质量发展意义重大。职业体验教育作为新时代劳动教育的重要内容，对加强中小学生基础技能教育，帮助学生树立终身学习的意识和建构终身化技能成长的教育体系有重要的基础性作用。当前，各地在广泛开展职业体验活动，观其现状，发现主要有以下三大问题：一是职业体验价值认识不清。实践中，存在“就政策而行动，为体验而体验”现象，职业体验活动开展形式化、机械化、浅表化，职业体验内涵不明、育人指向不准。二是职业体验资源整合不够。现实中，中小学校开展职业体验缺场地、缺课程、缺师资，职业院校未充分发挥资源优势。职业体验基地、课程、师资供需不匹配、结构性失衡、统整度不高，集聚效应未形成。三是职业体验持续推进乏力。推进中，缺乏职普联合开展职业体验的顶层设计、规划管理、机制支持。职业体验活动实施盲目随意、渠道单向、机制不全，职业体验常态化、长效化不足。

本书以终身发展理论为认识基础，服务学生职业生涯发展和技能型社会建设，确立终身化技能成长育人理念，将职业体验放在学生一生技能获得、利用、维持的视角，看待技能成长和生涯规划。职业体验从娃娃抓起，构建小学、初中、高中一体化技能成长体系，促进学生全生命周期技能积累。在职业体验活动中进行价值观教育，根据职业体验“具身性、情感性、意义性”三大特征，通过学生在职业体验过程的“以身体之、以情感之、以心验之”，形成立体化认知，促进“个体理解、情感生成、信念建构”，将劳模精神、工匠精神贯穿始终，通过职业体验将职业认知、技能习得、价值塑造育化为学生的素养，让“劳动光荣、技能宝贵、创造伟大”在校园扎根。

职普联动开展中小学职业体验教育，既是深化新时代立德树人、落实五育并举的重要举措，也是助推全面建设践行新发展理念的公园城市示范区贡献教育力量的重要路径。未来，还需要不断优化职普联合推动职业体验教育的顶层设计和制度支持，做好组织、人员和经费保障，以促进其可持续长效发展。

**笔者**

2024 年 5 月